ちくま新書

ロシアと中国　反米の戦略

廣瀬陽子
Hirose Yoko

1345

ロシアと中国　反米の戦略【目次】

序章　浮上する中露——米国一極支配の終焉

†ロシアと「カラー革命」

一九九一年一二月のソヴィエト社会主義共和国連邦（ソ連）解体により、ソ連から一五カ国が独立し、ロシア連邦がソ連の継承国となった。だが、冷戦が終結したあとも、ロシアとアメリカ合衆国（米国）の関係は一筋縄には進展していない。

冷戦時代に東西対立を象徴した米国を盟主とする北大西洋条約機構（NATO）は、ソ連を盟主としたワルシャワ条約機構が解散されても存続し、ロシアを仮想敵国とするかのように現在も拡大し続け、米国や欧州連合（EU）がロシアの影響圏を常に脅かしてきた（と、少なくともロシアは捉えている）一方、ロシアは欧米の国際戦略、特にロシアの影響圏を侵食する動きや欧州ミサイル防衛（ＭＤ）システム問題、そして米国の一極支配に反発し、「冷戦的」な緊張が継続してきたのである。

米国の一極的支配の動向が顕著に見られるようになったのは、ジョージ・Ｗ・ブッシュ（在任期間は二〇〇一〜〇九年）が米国大統領となって数年経った頃の時期だろう。冷戦後の不透明な混乱期、そして二〇〇一年の米国同時多発テロ（九・一一テロ）後の短い米露蜜月期間を経て、米露関係は新たな緊張の時代に入った。そして、この頃には、中国も経済成長を目覚しく成功させ、世界における「大国」の一つとして存在感を強めていた。

この時期、「米国が世界を一極支配する」というブッシュ大統領の野望が次第に顕在化し、ロシアや中国にとって、不愉快な世界戦略が繰り広げられていた。特に米国に反発を強めていったのが、米国に自身の勢力圏や国際戦略を脅かされていると感じていたロシアである。拙著『ロシア　苦悩する大国、多極化する世界』（アスキー新書、二〇一一年）で解説した部分もあるが、簡単にソ連解体後の米露関係をおさらいしよう。

ロシアは九・一一テロ後に米国が主導したイラクやアフガニスタンへの攻撃には反対であった。アフガニスタンについては、九・一一テロ後の「テロとの戦い」という世界共通の目標の下で、自国の勢力圏である中央アジアの米軍駐留を認めるなど一定の協力姿勢を見せたが、米露の蜜月期間は短かった。米国はロシアを無視して攻撃を深化させていく。

二〇〇三、〇四年には旧ソ連のジョージア（グルジア）、ウクライナでそれぞれ「バラ革命」と「オレンジ革命」が起きた。これらは、「カラー革命」と呼ばれる。[*1][*2] 二〇〇〇年、米国政府やソロス財団、欧米のNGOなどは、ユーゴスラヴィア（セルビア）の野党勢力や反対勢力を支援し、スロボダン・ミロシェヴィッチ大統領（当時）を失脚させた。これと同じ手法を旧ソ連諸国に用い、連続して「革命」を生じさせたのだった。

キルギスの「チューリップ革命」（二〇〇五年）は「カラー革命」に含めるか含めないかについては見解が分かれる。追放されたアスカル・アカエフ元キルギス大統領は米国の関与を主張したが、研究者の多くは米国の関与はほとんどなく、自発的に発生したものであると見ている。そのため、キルギスの「チューリップ革命」は「カラー革命」とは異質であるという見解が有力であり、筆者もそのように考える。

「カラー革命」によって、元来反ロシア的な性格を持っていたジョージアとウクライナでは、それぞれ、ミヘイル・サアカシュヴィリ大統領、ヴィクトル・ユーシチェンコ大統領、というかなり極端な「反露・親欧米」の指導者が誕生した。欧米勢力がロシアの勢力圏を侵害したこと、ジョージア、ウクライナの「反ロシア度」が増したことで、ロシアは激しく反発した。

†脱「露」入「欧米」

ジョージアとウクライナは、以前よりずっと過激な反露的外交政策をとるようになり、旧ソ連の反露的な組織であったGUAM（一九九七年創設。加盟国のジョージア、ウクライナ、アゼルバイジャン、モルドヴァの頭文字をとっている。一時、ウズベキスタンも加盟していた）の機構化を進めて強化し、二〇〇六年には「民主主義と経済発展のための機構GUAM」として拡大改組した。さらに両国は〇五年に、欧米諸国も巻き込む形でGUAMと似て非なるCDC（民主的選択共同体）をも発足させた。エネルギー政策などでもロシアをより排除する方向を模索し、またロシアも両国に対する制裁的な姿勢を強めていったことで関係は悪化の一途をたどった。

ジョージアとウクライナの欧米への接近は極めて顕著で、両国はEUとNATOへの加盟も積極的に目指してきた。EU加盟はあまり現実的ではなかったが、NATO加盟は現実味をおびるまでかなり進んだ。[*3] 一九九九年から始まった旧東欧圏を飲みこむNATO拡大の動きは、ロシアを激しく苛立たせた。九九年にポーランド、ハンガリー、チェコ、二〇〇四年にはルーマニア、スロベニア、バルト三国、ブルガリア、スロバキア、〇九年にアルバニア、クロアチア、一七年にモンテネグロがNATOに加盟した。[*4] NATO拡大はロシアの足元にまでおよび、ジョージア、ウクライナというバルト三国以外の旧ソ連圏にまで侵食しそうな状況になっていった。ロシアからしてみれば、周囲を敵に囲まれる状況が、よりリアルになってきたのである。

†欧米にいらだつロシア

ロシアは、旧ソ連の未承認国家問題を、「近い外国」[*5]への政策に利用してきた。他方、その問題に対して欧米が関与してくることにロシアは怒りを募らせてきた。未承認国家について、詳しくは拙著『未承認国家と覇権なき世界』（NHKブックス）を参照いただきたいが、簡単に説明すると、本国から独立を宣言し、国家の体裁を整えてはいるものの、国際的に国家承認を得られていない地域のことである。

旧ソ連では、ジョージアのアブハジア、南オセチア、アゼルバイジャンのナゴルノ・カラバフ、モルドヴァの沿ドニエストルという四つがある。また、国家の体裁を整えるほど成熟していないが、ウクライナのルガンスク（ルハンシク）を入れる論者もいるし、ロシアが併合したものの諸外国が認めていないウクライナ領クリミアもこの亜種と言えるかもしれない。

ロシアは未承認国家を支援することを、その法的な親国に対する外交カードの一つとしてきた。[*6]ロシアのいらだちは、二〇〇三年の沿ドニエストルにおけるコザック・メモランダム問題で沸騰した。ロシアが、自国に都合のよい和平案をモルドヴァに飲ませようとしたが、米国とEUがぎりぎりのところで、モルドヴァに拒否させたというのが、その経緯である。

ロシアがさらに危機感を高めたのが、米国が推進するMDシステムの設置計画である。米国は、「イランへの対抗策」として、ポーランドとチェコにMDシステムの配備を計画していた。しかしロシアは、その計画はロシアを念頭に置いたものであるとして激しく反発する。米軍が東欧のルーマニアとブルガリアの軍事基地を使用していたことにもロシアは嫌悪感を明白にしていた。自らのおひざ元での米国の軍備拡大の動きに対し、ロシアは欧州通常戦力（CFE）条約をカードとして対抗した。二〇〇七年四月の年次教書演説で、ウラジーミル・プーチン露大統領は、MDシステムの東欧配備への対抗措置の一つとしてCFE条約の削減義務履行を一時凍結することを提起し、実際に実行したのだった。

米露関係は緊張の一途をたどった。それが頂点に達したのが、二〇〇八年のロシアとジョージアの戦争である。*7 このジョージア戦争を契機に、冷戦後の構造はまた新たな時期に入った。ジョージア戦争は、単なるロシアとジョージアの間の戦争というわけではなく、地域、世界に大きな影響を与え、「新冷戦」の勃発すら懸念させることとなった。加えて、この年の後半には、米国の投資銀行破綻に端を発するリーマン・ショックから世界規模の経済危機が発生し、経済構造にも揺らぎが感じられるようになったのである。

二〇〇九年に米国でバラク・オバマ政権が誕生すると、ロシアとの関係改善を模索する動きが生まれた。就任直後のオバマ大統領がロシアとの関係について「リセット」を宣言したことで、米露関係の改善、ひいてはロシアを取り巻く国際関係の変化が進むかに思われたが、実際には、関係改善は容易ではなかった。短期間に米露関係はまた悪化していく。

二〇一四年からは、ウクライナ危機が先鋭化し、ロシアが孤立を深める一方、米国の一極的世界に反発するロシアと中国が関係を緊密化させ、中国が世界における存在感を高めつつあるという状況が続いている。ただし、この中露の関係深化は表面的であり、両国間の相互不信感は根深く、その関係は「離婚なき便宜的結婚」とすら言われているのであるが。

ウラジーミル・プーチン
露大統領（写真提供：ロイター＝共同）

ともあれ近年、ロシアと中国という二大国のユーラシアにおける動きが国際的に大きな影響力を持つようになってきたことは明白であり、その動向は現在の国際情勢を読みとくカギだと言えるだろう。

†戦略としての「ユーラシア」「シルクロード」

「ユーラシア」とは、ヨーロッパとアジアをあわせた地域（Eurasia = Europe + Asia）を指す。現在のロシア外交のキーワードにもなっている。ユーラシアという言葉は、ハルフォード・マッキンダーが地政学の古典として知られる『デモクラシーの理想と現実（Democratic Ideals and Reality）』（Mackinder 1919）の中で、ユーラシアの「ハートランド」と「リムランド」を論じたことが大きな契機となって広まった。最初はユーラシア大陸の中核地域を中軸地帯と呼んでいたが、後にハートランドと改められ、「ハートランド理論」などとも言われる。

ソ連解体後、ロシアを中心とする旧ソ連地域は、「ユーラシア」と表現されることが少なく、また、「ユーラシア連合構想」に代表されるように、ロシアを中核とした地域統合の試みには、ユーラシアという地域名称が付されているケースもある。実際、グローバル化の影響もあり、同地域の地域統合の範囲が拡大している傾向が見られる。

「シルクロード」という言葉も近年、特に中国の影響により戦略的用語として蘇ったと言えるだろう。シルクロードの定義は、実は国や研究者によって多様であり、確立したものはない。紀元前からユーラシアの重要な交易路として発達していたルートであるため、存在自体はかなり古いのだが、一九世紀にドイツの地理学者フェルディナント・フォン・リヒトホーフェンが、中国研究の中で、中国の特産品だった絹の交易ルートに注目し、その交易路を「シルクロード」と表現したことで、その名称が広まった。

リヒトホーフェンの定義では、主に現在の（甘粛《かんしゅく》省から）新疆《しんきょう》ウイグル自治区内を走る交易路を意味していたが、西安からローマまでだという説や、シルクロードの東端である日本も含める説や、シリアあたりまでを範囲とする説など、多くの議論が展開されてきた。どれもそれなりの根拠があり、正解はないと言えるが、①中央アジアの乾燥地帯を走ったオアシス路、②その北の草原を抜けた草原路、③アジア大陸の南の海を結んだ南海路、という三つのルートがあったとするのが一般的だ。[*8]

近年、中国はいわゆる歴史的なシルクロードである陸上シルクロードに合わせて、「海上シルクロード」という新しい概念を重ねた「一帯一路」構想を打ち出し、シルクロードに新たな意味を付与し、その発展を目指すようになった。二〇一七年からは、第三のシルクロード「氷上シルクロード」として、北極海航路（後述）をも一帯一路構想に含めるようになっており、三方向での一帯一路の発展を進めている。

ユーラシアとシルクロードは、ロシアと中国の国際戦略の重要なキーワードとして注目を浴びているが、その領域はかなり重複している。そして、ロシアと中国は共に、その領域で政治、経済、軍事など広く多様な分野で地域統合や連携を進めている。グローバル化の趨勢とも相まって、地域統合は世界各地で進んでいるが、中露のそれは、欧米の影響力低下もあり、特に存在感を増しているのである。

ロシアのウラジーミル・プーチン大統領は三期目の大統領への再就任（二〇一二年五月）前から「ユーラシア連合」構想を掲げるとともに、極東・シベリア開発プロジェクトも推進してくるなど、明らかに「アジア重視」の動きを示していた。アジア諸国の活発な経済発展もその大きな要因だ。加えて、その趨勢は二〇一四年に先鋭化したウクライナ危機およびそれに端を発する対露制裁で、ロシアの「東進」が加速されると同時に、それ以外に選択肢がなくなったとも言える状況に追い込まれたことでより確実になった。ロシアのアジア重視政策は当面盤石であろう。

†トゥキディデスの罠

中国は中国で急速に「西進」を進めている。経済の国際展開と国内西部の開発の必要という二つの目的から、中国の「西進」も不可避の動きであると見られる。習近平国家主席が盛んに推進しているのが、シルクロード経済ベルト構想と、陸上と海上のシルクロードの双方（後に加えられた「氷上」も）を発展させる一帯一路構想、そしてその後ろ盾となりうるアジアインフラ投資銀行（ＡＩＩＢ）である。

だが、ユーラシアとシルクロードはそもそも地域的に重複しており、当然ながら中国の一帯一路計画とロシアのユーラシア連合は旧ソ連地域で競合する。また、ＢＲＩＣＳ[*9]によるＢＲＩＣＳ開発銀行とＢＲＩＣＳ基金、ＡＩＩＢとシルクロード基金の役割もかなり重複しているうえ、ロシアと中国はＢＲＩＣＳと上海協力機構（ＳＣＯ）の内部で激しい権力闘争を繰り広げてきた。しかも、中国が中央アジアのみならず、コーカサス、ウクライナなどのロシアの影響圏にも拡大している状況はロシアにとって面白くないはずであるが、ウクライナ情勢がロシアに中国の動きを甘受せざるを得ない状況を生み出している。

習近平・中国国家主席（写真提供：共同）

　地域では競合関係にある中露は、世界レベルにおいては米国の一極的支配に反発し、共に多極的世界を目指し、また、第二次世界大戦後の歴史認識問題でも利害を一にしてきた。そのため、ＢＲＩＣＳやＳＣＯは共に、欧米中心的な世界秩序を打ち崩し、

「新しい世界の中心」となるべきだとして活動を活発化し、拡大を強めているという現実もある。

実際、中国の近年の世界における存在感の大きさは顕著であり、現在、世界レベルの戦争が起こるとすれば、冷戦期のように米ソ間ではなく、米中間だと考えられるほどである。

米中戦争の蓋然性を指摘する上で、注目されている議論が米国ハーバード大学の政治学者グレアム・アリソンの「トゥキディデスの罠」である。約二四〇〇年前のスパルタとアテネの間の構造的な緊張関係と覇権をめぐる戦争がモデルとなっており、急速に台頭してきた新興大国が、既存の大国と競合関係に発展した際に、それぞれが優位な立場を獲得しようとして対立関係になり、ひいては直接的な抗争に至ってしまうという構図を示したものだ。新興国は覇権的な立場を獲得しようとし、既存の大国は覇権的な立場を維持しようとするパワーゲームは時に、軍事的な戦闘にも発展しうる。現在、この議論が米国と中国の関係に当てはまると警鐘が鳴らされているのである（Allison 2017）。

もちろん、アリソンの主張には反論も多い。[*10] それでも、「トゥキディデスの罠」が世界で話題となり、さまざまな議論を呼び起こしているということは、やはり中国が米国に次ぐ大国だと捉えられていることの証左であろう。

このように、現在の世界においては、米国が最大の大国の地位を維持しながらも、中国が影響力を拡大してきている。ロシアも米国の一極的支配を許すまじと、中国と連携しつつも、ライバル関係を意識するという複雑な国際関係が展開されているのである。

これらの動きから、中露の思惑が交錯するユーラシアの動きを多面的に検討し、同時に、世界秩序がどのように変化し、中露が米国に対抗しつつ、世界のプレイヤーとしてどれだけ立場を強めてきたかを明らかにすることを、本書の目的とする。

第一章

中露関係の戦後史——警戒、対立、共闘

†協力しながら対立する

中国・ロシア間の関係深化が顕著である。特に、その大きな節目となったのは、二〇〇四年と、その一〇年後の一四年だと言える。〇四年には長年の深刻な懸案事項だった中露(ソ)国境問題が解決した。一四年にはウクライナ危機の深刻化により、欧米諸国から経済制裁を受けて孤立したロシアは顕著に中国へ傾斜し、中露関係がより緊密になった。

しかし、中露関係は単純には捉えることができない。関係が好転したのは最近のことであり、それ以前の両国関係は実に厳しいものであった。そして、関係が良好と見られている近年です

ら、中露関係の実情は実に複雑で、容易に語ることはできないのである。

大局的に捉えれば、現在の中露関係は協力関係にある。グローバルレベルでは、アメリカの一極支配を打ち砕いて多極的世界を構築していくという目的が一致している。中露関係が進化するにつれ、当然、防衛装備技術協力を含む軍事部門での協力も深まっていくと予想される。

一方、中国が旧ソ連圏との関係を深めていっていることが「ロシアの勢力圏の侵害」にあたることから、特に地域レベルや国際機構、国際グループにおいては中露双方が影響力拡大を目指す攻防を熾烈にくり広げており、両国がお互いを信頼しあって協力しているとは考えにくい現状があるのも事実だ。

ロシアが中国周辺諸国との軍事協力を推進するのは、中国の影響力拡大を恐れるからである。具体的にはインドやベトナムなどとの協力関係が顕著に見られる。加えて、ロシアは上海協力機構やBRICSで中国と「協力しながら対立する」姿を見せてきた。それに対して中国は、ソ連構成国であったウクライナから、ロシアの防衛装備技術を得てきた。このことは、二〇一四年のウクライナ危機が中国の軍事戦略にも影響を与えることを意味する。

†中露の武力衝突と和解

中露関係の現状を理解するために、両国関係の動きを概観しておこう。

冷戦時代、ロシアの前身であるソ連と中国の関係は冷え切っていた。最初は共産主義陣営として良好な関係にあったが、一九五六年二月にソ連共産党第二〇回党大会で、ニキータ・フルシチョフ共産党第一書記（当時）が「スターリン批判」を行い、平和共存路線の採択をした結果、東欧各地が動揺し、その衝撃は中国にも及んだ。これを契機に中国とソ連の間でイデオロギー論争が過熱、いわゆる中ソ対立が勃発する。フルシチョフの「スターリン批判」は、中国共産党には修正主義だと捉えられたからであった。この緊張関係が、一九六九年には武力衝突にまで発展した。中ソ国境紛争（ソ連では「ダマンスキー島事件」、中国では「珍宝島事件」）である。中ソ関係はそこまで悪化していた。

ペレストロイカ（改革）を経て、一九九一年にソ連が解体し、ロシアはその後継国として再出発するが、中国とは微妙な関係が続いた。九六年にはボリス・エリツィン露大統領（当時）が江沢民国家主席（当時）と戦略的パートナーシップを掲げて共同宣言に調印したが、中露が緊密化へ向かう動きは特には生じなかった。

しかしながら、この共同宣言に基づき、九六年四月に結成された「上海ファイブ」は、後に「上海協力機構」（SCO）へと発展した。SCOは、欧米に対抗する組織として急速に存在感を高めている。前身の上海ファイブは、中露に加えて、カザフスタン、キルギス、タジキスタンの三カ国が、国際テロ・民族分離運動・宗教過激主義などへの対抗や経済面・文化面での協力を目的に創設した組織であった。二〇〇一年六月にウズベキスタンが加わってSCOへと拡大・改組し、さらなる関係強化を続けている。軍事的性格を強める一方、一七年にはインドとパキスタンも加盟し、イランやトルコ、アフガニスタンの加盟の可能性も高まっているなど、規模も増す一方だ。

軍事衝突も起きたほどだった中露（ソ）の国境問題は、二〇〇四年一〇月一四日に中露国境協定が妥結され、五〇％、五〇％と等分割する形で最終的に解決した。深刻な係争問題の解消は、中露関係を劇的に変えた。それ以後、両国関係の深化が極めて顕著になっていき、国際政治、国際経済の両面で欧米に対して共闘することも目立っていったのである。

†共通目標は、米国一極的支配の消滅

ロシアと中国が共闘する上で最大のインセンティブとなっているのが、「米国による一極的支配に対抗し、多極的世界」を構築するという共通の目標である。中露は共に大国であることには異論はないだろうし、各地で自国の勢力を拡大するために手段を問わない傾向がある。*11 そのため両国は共に、世界のトップを目指していると考えられることも少なくないが、現時点ではそうではないだろう。中露は一極的支配を目指しているのではなく、多極的世界の中での一つの極を占めたいと考えているのだ。だが、そのためにはまず「一極的支配」を消滅させる必

要があり、その意味で、中露の利害関係は完全に一致しているのである。

たとえば地域における影響力争いなどでは若干の緊張をはらむものの、米国との対抗という外交政策においては、中露の思惑は完全に一致し、国際政治の場面でも大抵は同じ方向を向いてきた。中東問題や北朝鮮問題などで、米国が何かの政策を推し進めようとした場合など、中露が共に、国連安保理で拒否権を行使して、阻止してきたのである。

二〇〇九年六月一六日にロシアのエカテリンブルクで初のＢＲＩＣｓが開催され、以後サミットが定期的に開催されるようになった。このＢＲＩＣｓは、部外者が恣意的にまとめた枠組みであり、ロシアはもともとＢＲＩＣｓとくくられることに反発していた。とりわけ、あまり馴染みのないブラジルと同類扱いされたことを屈辱だと感じたのである。だが、プーチンはこの枠組みを米国の一極支配に対抗するツールとして利用できると考え、ＢＲＩＣｓ諸国の首脳を集め、実体のある組織としていった。

なお、話を先取りすると、ＢＲＩＣｓも次第に世界に浸透していったが、実はＢＲＩＣｓの中でも中露のどちらが優位に立つかという緊張が起こっている。その一つの表れが、南アフリカの加盟だ。

二〇一一年四月一三日、北京サミットに南アフリカ共和国が招待され、ＢＲＩＣｓはＢＲＩＣＳに拡大した。南アフリカ自体も加盟を希望していたが、実質的に加盟を実現させたのは中国であると見られている。南アフリカの加盟によりＢＲＩＣｓは、「ｓ」を小文字から大文字にした「ＢＲＩＣＳ」としてさらに勢力を拡大し、中国はＢＲＩＣＳ内での影響力を強めた。中露はＢＲＩＣＳやＳＣＯで共に主導的立場にあるが、そのどちらにおいても両国がより強いリーダーシップの確保を巡って対立する構図が見られる。他方、この頃から中国のＢＲＩＣＳにおけるロシアに対抗する動きが目立つようになったのも事実だ。

中露の二国間関係は二〇一〇年にかなりの深化を達成した。ロシアのドミトリー・メドヴェージェフ大統領（当時）が、九月二六日から三日間訪中し、日露戦争（一九〇四〜〇五年）の激戦地だった大連・旅順口を訪問した。日露戦争および第二次世界大戦におけるソ連軍・ロシア人の犠牲者追悼行事に参加、北京で首脳会談を行なって、第二次世界大戦での対日戦勝六五周年に関する共同声明を出したのだ。[*12]

その後、メドヴェージェフは北方領土の国後島を訪問し、日本の大きな反発を買うことになる。日本が領土問題で中露両国との関係を緊張させた一方、中露関係の進展は、中国人の意識にも明確に刻まれたようだ。たとえば、中国紙『光明日報』は、中国の主要な政治家を対象にした調査の結果を基に「今年の人」を選んでいるが、同年の上位一〇人にメドヴェージェフが選出されていた。[*13]

†深化する中露関係

二〇一〇年一二月三一日に、中国の胡錦濤国家主席（当時）は、メドヴェージェフに新年の祝電を送った。胡主席は、この年の中露関係の発展に鑑み、中露善隣友好協力条約を締結（二〇〇一年七月一六日）してから一〇年を迎えることを指摘し、「二〇一一年、中国はロシアとの関係をより素晴らしいものにするため、あらゆる分野において全面的な協力を発展させ、戦略的パートナー関係と相互信頼を深化させていく」と述べ、両国にとって意義ある年となることを強調した。そして、この一〇年間で、両国の政治分野の信頼関係が次第に深まり、戦略的パートナー関係もより成熟したものとなったこと、あらゆる分野での協力の質とレベルの向上により、両国の友好関係は史上最高レベルに達したとも言及した。

二〇一〇年に中露関係が深化したという見解はロシア側も共有している。たとえば、ロシア科学アカデミー極東研究所のセルゲイ・ルジャニン副所長は、二〇一〇年の中露関係は、安全保障、エネルギー、投資関係の三つのポイントを中心に進展したと分析し、両国関係のさらなる関係発展の潜在性を強調した。[*14] その年の年末から翌一一年の新年にかけ、中露間のさらなる関係進展を予感させるいくつかの重要な動きがあった。

まず、二〇一〇年末には、エクアドルでの水力発電所建設にロシアと中国が参加する協力協定が調印され、両国の経済協力プロジェクトが初めて南米で実施されることになった。

また、二〇一一年元日には、ロシアと中国を結ぶ全長九九九キロメートルの石油パイプラインの商業運用が正式にスタートした。同パイプラインは、西シベリアおよび東シベリア産の石油をアジア太平洋諸国に輸送することを目的に敷設された「東シベリア・太平洋石油パイプライン（ESPO）」の中国向け部分となっており、ロシアのアムール州スコヴォロジノ市と中国東北部の黒竜江省大慶市を結ぶもので、二〇年にわたり、ロシアは、年間一五〇〇万トンの東シベリア産原油を中国に供給することで合意した。

中国は急速な経済成長を支えるために極めて多くのエネルギーを必要としているので、中央アジアにも進出しているとはいえ、やはりロシアからのエネルギー輸入の意味は極めて大きい。中国の中央アジアへの接近は、ここを勢力圏とするロシアの利害に抵触するが、ロシアを怒らせない微妙なさじ加減さえ守れば、中国はロシアと中央アジアからエネルギー供給を並行的に得ることで、十分なエネルギーを安定的に確保できるだけでなく、ロシアとの良好な政治的関係を維持する上でも効果的な意義を持つのである。同パイプラインは関係国の経済関係を極めて緊密にさせるだけでなく、エネルギー安全保障を支えることになることからも、中露関係の深化の重要なメルクマールになることは明白だ。

他方、ロシアにとっても欧州および旧ソ連諸国中心であったエネルギー輸出先の多角化を図ることができるだけでなく、拡大するアジア市場へのエネルギー輸出の展開や、エネルギー産業の発展により遅れているシベリアや極東の開発も期待できることから、このプロジェクトは大変有益であると考えられたのだった。

安全保障の面では、中露は新たな脅威や挑発に有効に対抗するために合同軍事演習が必要だという結論に達し、軍事合同演習「平和の使命」をはじめとして、世界各地で軍事演習を行うようになった。二〇一一年の演習は両国の陸・海・空軍の精鋭部隊が参加して海上で実施され、史上最大規模のものとなった。海上での演習は異例だと関心を呼んだが、北朝鮮対策で行われた米韓・日米の合同軍事演習への牽制と、対抗訓練の意味合いがあると見られている。

†上海協力機構に見る中露の微妙な関係

しかし、中露関係は一筋縄ではいかない。前述したように特に二〇一四年のウクライナ危機の深刻化までは、協力の側面と対立の関係を共存させながら紆余曲折を歩むことになる。その顕著な例が、上海協力機構(SCO)での駆け引きである。

たとえば、二〇一一年六月一五日、SCOはカザフスタンの首都・アスタナでSCO創設一〇周年を記念するサミットを開催し、「アスタナ宣言」を採択して閉幕した。宣言の中で注目されたのは、NATOに対する批判的な文言だった。

欧州が進めているミサイル防衛(MD)計画の一方的かつ無制限な構築は、世界の戦略的安定を損ねるという趣旨であった。欧州MDでの協力問題は、ロシアが平等に共同のMDシステム構築を求める一方、米国およびNATOはそれを受け入れる用意はなく、ロシアと欧米の間で極めて大きな懸念材料となっていた。中国も、特に日本および韓国に米軍が駐留していることで、MDの動向にはかねてから神経質だった。加えて、SCO首脳は、当時のNATOによるリビア空爆などを批判し、中東情勢を平和的手段で解決するよう求めていた。

その一方で、SCO首脳は、一〇年間の多面的な中露協力関係の構築を称賛し、さらなる関係強化を約束した。旧ユーゴスラヴィアやアラブ諸国に対する欧米の政策に対しても中露は反対姿勢で協調してきたこともあり、この状況からは、SCOが米国とNATOに対抗している構図が見てとれ、冷戦期のワルシャワ条約機構とNATOの対立図式を彷彿とさせた。

このように、欧米との対峙という側面では、中露関係は極めて緊密に見える。しかし、その実態もそれほど単純なものではないのが実情だ。中露はそれぞれ大国意識が強く、両者間には、勢力圏争いともとれる動きがしばしば見られる。ロシアが中国の勢力圏拡大およびロシアの勢力圏の侵害を警戒しているのは既述の通りである。

二〇一一年のSCOサミットでも、次期議長国であった中国の胡錦濤国家主席は反テロ作戦などで対応能力の強化を訴えるとともに、加盟国に対して低利の巨額融資を持ちかけ、その見返りに資源の大量購入を取り付けようとするなど、安全保障と経済の両方で主導的立場をとろうとする姿勢を隠さず、中央アジアの資源を意のままにしようとしている意図も感じさせた。

それに対し、ロシアのメドヴェージェフ大統領（当時）は、テロ対策では準加盟国の存在が重要だと指摘するなど、関係アクターを増やすことによって中国の重みを薄めようとしているように見られた。ちなみにロシアが新規加盟を実現したかったのはインドであったが、当然ながら、中国も勢力確保のため、それに対抗するかのように、インドと緊張関係にあるパキスタンの加盟を目指していた。なお、結論を先取りすると、結局両者痛み分けの形で、一七年にインドとパキスタンがSCOに同時加盟した。

SCOサミット終了後、胡主席はカザフスタンからロシアに移動し、中露善隣友好協力条約署名から一〇年を記念する関連行事に参加したのに加え、六月一六日にメドヴェージェフ大統領との中露首脳会談に臨んだ。会談では、「今後一〇年の中露関係の発展計画」など二国間の問題に加え、「共に関心を持つ国際的、地域的な重大問題」であるリビアや中東、北朝鮮情勢など国際情勢を議論して、共同声明が署名された。胡は一六日にプーチン首相（当時）とも会談。その後、両首脳はロシアのサンクトペテルブルクに移動し、一七日からの「国際経済フォーラム」に参加した。

中露首脳会談に際しては、胡が「中露の戦略協力パートナーシップはこれまでにない大発展を遂げた」と述べるなど、両国間の蜜月ぶりをアピールしていた。

実際、国際的な問題については、強い協調関係が見られた。共同声明では、両国の関係発展や経済協力の強化以外にも、[*15] 北朝鮮の核問題は外交的手段によってのみ解決されるべきだとして、六カ国協議の早期再開の必要性を強調したり、中東・北アフリカにおいて平和的手段で問題を解決するよう呼び掛けたりするなど、リビアに対するNATOの空爆のように、欧米が内政干渉的な姿勢をとっていることを批判した。対リビア武力行使を容認した国連安全保障理事会決議を拡大解釈せず、すべての関係者がその内容を順守するように呼び掛けたことも興味深い。加えて、G20（Group of Twenty の略で、一九七〇年代以後の世界経済を牽引してきた主要国首脳会議G7を構成する七カ国に、EU、ロシア、および新興経済国一一カ国の計二〇カ国・地域から成る経済グループ）やSCO、そしてBRICSや中印露三カ国での協力強化を盛り込み、新興国の影響力拡大を目指す方針も表明された。

つまり、中露は国際関係においては、SCOサミットで示したのと同様に、対欧米対抗路線を採りつつ政治的・経済的な戦略的パートナーシップ関係を強化したと言えるのである。中露首脳会談後、両首脳は、その意義を高らかに強調し、中露対話が両国のみならず世界の安全や安定のためにも極めて有益であるとしつつ、二〇〇一年の中露善隣友好協力条約への署名から両国が構築してきた信頼と高レベルの関係の水準を評価し、今後一〇年がより一層の関係発展の重要な機会になると表明した。

†エネルギーをめぐる亀裂

胡主席の訪露時に、ロシアから中国への天然ガス輸出契約の調印が予定されているということが二〇一一年五月半ば頃から、大々的に報じられていた。ロシアの半国営天然ガス独占企業・ガスプロムは、二〇〇九年に中国石油天然気集団公司（CNPC）と、今後三〇年にわたる年間約六八〇億立方メートル（西シベリアから約三〇〇億立方メートル、東シベリアから約三八〇億立方メートル）の天然ガスを輸出することで基本合意をしていたが、価格面で折り合いがつかず、最終合意には至っていなかった。

両首脳は、ガスプロムの本社で会談し、同社のアレクセイ・ミレルCEOも同席した。ミレル氏は、二〇一一年の半ばからパイプライン建設を開始すれば一五年の天然ガス供給が可能であるとして、合意を熱心に推進したが、結果的には、価格を巡って中露が折り合わず、妥結には至らなかった。

交渉決裂の背景には、本交渉以前に、エネルギー貿易をめぐり、中露間の亀裂が拡大していたこともあった。「太平洋パイプライン」の中国・大慶向けの支線が完成し、二〇一一年一月一日から東シベリア産原油の輸出が始まっていた。しかし、CNPCは、ロシア側と合意していたはずの輸送料を不服とし、輸入代金の一部をロシア国営石油会社・ロスネフチなどに未払いであったことが同年三月に明らかになったのである。[*16]

未払い金額は同年五月末時点で二億五〇〇〇万ドルに達し、ロスネフチは訴訟をちらつかせて強硬に支払いを迫った。五月末には、王岐山副首相（当時）が、モスクワでロシアのイーゴリ・セーチン副首相（当時。一二年五月よりロスネフチCEO）と天然ガス交渉を含めた両国のエネルギー協力対話を行い、中国側は結局支払いに応じる。これを受け、セーチンは問題解決をアピールしたが、ロシア紙が、未払いがまだ五〇〇〇万ドル以上残っていると報じるなど、ロシアの中国に対する不信感は確実に残存することとなった。

当時のロシアは、カタール産天然ガスの欧州市場における飛躍的拡大などを背景に、対欧州輸出が停滞してきたのを受け、中国が欧州レベルの価格でガスや石油を購入することを望んでいたが、中国は中央アジア諸国からの天然ガス輸入を始めたこともあり、欧州向けより一〇〇〇立方メートル当たり一〇〇ドルも安い価格を主張していたという経緯がある。[*17] この時に天然ガス交渉が妥結していれば、中露戦略的パートナーシップの強力さをアピールする上で、象徴的な出来事となったはずだが、交渉決裂は逆に中露間の溝を露呈することとなった。ロシアでは交渉の継続ということで報じられたが、中国では交渉決裂については触れられず、主席訪露の成功を強調する報道に終始するなど、報道姿勢にも差異が見られた。

中国への天然ガス輸出問題については、中央アジアなど供給源の多角化に成功している中国が、ロシアから安いガスの価格と有利な輸送の条件を引き出すためにじっくり構えていたというのが二〇一一年頃の実情だった。エネルギー外交は、パイプライン政治に象徴されるように、経済より政治の論理が優先されることも多い。中国も政治における重要なカードとして利用しようとしているのは間違いなかった。しかし、ロシアが価格で安易に妥協すれば、中国が経済的に大きな利益を得るだけでなく、政治的ポジションを強めることになることは明らかだった。他方で、中国は「ロシア産天然ガスはそれほど重要ではない」と常々強調してきたが、実は二〇一〇年だけでも中国のガス需要は二二%も増しており、エネルギー供給源の多角化は急務だった。そのためロシアは、時が熟せばより有利な価格が引き出せるかもしれないと、中国の譲歩を待つことにしたのであった。

中国が経済発展を背景に、世界的な影響力を強めていく一方、ロシアの中国に対する警戒心もまた強まっていった。

†プーチンは中国をどう見ているか

二〇〇〇年頃から長期にわたり強権を維持しているウラジーミル・プーチンの中国観は近年の中露関係を見る上で重要なポイントとなるだろう。

プーチンは中国の動きを警戒し、折に触れ牽制してきたのは間違いないのだが、その一方で、中国が凄まじい勢いで国力をつけ、経済力を拡大してきたこともきちんと受け止めている。ロシアは中国の経済拡大を阻止することもできないが、かといって、中国の経済的支配下におかれたり、国際的な影響力で劣る状況に置かれたりするのも避けたい。プーチンは、中国経済にロシアが引き込まれないようにロシア経済にテコ入れをしながら、自らの国内的・国際的政治力を高めつつ、中国・アジア経済のダイナミクスを積極的に取り入れて、利用することに決めたのである。具体的には、「中国、日本、韓国に競争をさせてシベリア・極東地域を開発する。中国を尊重し、その関係を大事にしながら、対米戦略をはじめとしたグローバル戦略を有利に進める」という方針である。

プーチンは二〇一二年の大統領選挙の最中に、自らの施政方針について論じた論文を立て続けに七本発表したが、七本目の「ロシアと変化する世界」（『モスコフスキエ・ノーヴォスチ』二〇一二年二月二七日）で中国について言及している。中国の経済成長を認めつつ、そのグローバル経済の重要な中心となってきた中国と隣人としてどのように付き合うのが良いのかという問題について、プーチンは持論を以下のように論じた。

まず、中国の経済成長はロシアにとって決して脅威ではなく、ロシアに対する挑戦だとし、ロシアは中露双方の技術、生産の可能性を結びつけて、中国の可能性をシベリア・極東の発展に動員して、新しい共同関係を活発化するべきだとしている。

第二に、中国が世界支配を求めているという論調に異議を唱え、国連安保理、BRICS、G20など多極間メカニズムでの相互行為を増大させ、国際舞台でお互いを支持し続けるべきだとしている。

第三に、国境問題など重要な問題を含めて、中露は重要な政治問題をすべて解決してきたこと、両国関係は法的拘束力のある堅固な文書で規定されていて、両国指導者の間には前例のない高水準の信頼関係が構築されたこと、現在の中露関係のモデルは将来性があるものだということが強調されている。その一方で「だからといって、中露間に問題がまったくないというわけではなく、現在の貿易関係や低い投資水準には不満を持っているし、中国からの移民には注視をする必要があるが、繁栄し安定する中国はロシアにとって必要である、逆に力強く成功しているロシアは中国にとって必要だ」という見解も示している。

論文から読み取れるプーチンの立場は、中国に敬意を払い、両国関係を称賛するものであるが、これは表向きの発言であり、中露間の問題を示唆し、貿易や投資の状況への不満を述べたところにプーチンの本音が見え隠れしているとも言える。後述の通り、二〇一四年にもプーチンは中国の旧ソ連地域における勢力拡大の動向をやんわり牽制していることもあり、行間を読めば、やはり強い警戒心が見てとれるのである。

†ロシアの建前と本音

そのようなロシアの対中スタンスは軍事協力の本音と建前にも見られる。

ロシアは「軍事ドクトリン（教義）」をほぼ一〇年周期で発表し、[*18]軍隊の展開やその保持の理由、運営方針などを説明している。この中心に描かれているのは、やはりNATOであり、ロシアが欧米諸国、特に米国を最大の脅威に据えているのは明らかだ。

それでは中国に対してはどうだろうか。中国は二〇一〇年には、既にロシアの二倍近くの軍事費を支出し、軍事力を飛躍的に強化してきた。かつては国境問題で交戦した歴史をもつ中国の軍事力を、ロシアが警戒することは自然に思えるが、実は、二〇一〇年発表の軍事ドクトリンでも、二〇一四年一二月二五日に発表された軍事ドクトリンの改訂版でも、中国については直接言及していない。「隣接国家におけるロシア領土への経済的、人口的、文化・宗教的拡大」を安全保障と利害への脅威の一つとして記載している部分はあり、これは明らかに中国を念頭に置いているが、逆に言えば、記載されているのはこれだけで、有事の具体的な対応策などは一切触れられていないのだ。

だが、このことは、中国の脅威をロシアが認識していないということを意味しない。「ロシアが軍事ドクトリンで中国の脅威について言及したら、その日から中露数千キロの国境線は緊張状態に入り、両国境に膨大な軍隊が配備されることになるから、書けないのだ」というのが軍事・安全保障問題の専門家であるドミトリー・トレーニン（モスクワ・カーネギーセンター所長）の見解だ。NATOのことを書いても、それはある意味当然であるし、批判も緊張も起こらないが、中国に言及すればそうはいかないというのが実際のところだろう（石郷岡　二〇一三）。軍事ドクトリンには基本的に建前が書かれ、行間に多くの本音があることは間違いない。

だが、最終的には二〇一四年末からプーチン政権は中国に技術の供与も行うようになってきた。この背景には、経済状況、国際状況のみならず、後述のように、ロシアの技術が世界に通用しないレベルに落ちぶれる一方、中国が開発力を伸ばしてきたこともあるだろう。

第二章

ロシアの東進——ユーラシア連合構想とは何か

†プーチンの東方シフト

プーチンは二〇〇〇年から二期、二〇〇八年まで大統領職に就任していたが、ロシアでは大統領の連続での三選が禁じられているため、その次の一期にはメドヴェージェフが大統領を務め、プーチンが首相として事実上政権を維持し続けた。[*19] そして一二年三月四日の選挙で勝利したプーチンが返り咲き、三期目六年間の大統領任期が始まった。[*20]

三期目の選挙戦はプーチンにとって決して容易なものではなかった。その最大のきっかけは、二〇一一年一二月の下院選挙で発覚した数々の不正である。民衆の間でくすぶっていた反プーチン機運に火がつき、それ以後、中間層を中心に抗議デモやインターネットによる反プーチン運動が激化することになったのだった。そのため、プーチンは国民の支持を獲得するために、選挙戦においては給与・年金引き上げや軍事費増強など「ばらまき型」の政策や、愛国心を鼓舞する訴え、ユーラシアに重点を置く外交政策などを、主要紙への論文寄稿によって連発した。その結果、下院選挙後には四〇％台前半まで落ちたプーチン支持率は、大統領選挙直前の二月末には六六％（レヴァダセンター）にまで上昇、魅力的な対抗馬が不在だったこともあって、当選することができたのだった。

当選したプーチンが、高い支持率を維持するためには、国内の政策のみならず、外交面や軍事面でも慎重な対応が必要となっていた。特に外交は、ロシアの経済的繁栄を支える石油・天然ガスの輸出問題に絡むだけでなく、世界におけるロシアのポジションを高め、大国の座を確保し、国民のナショナリズムを高揚させる上でも、とても重要な意味を持っていた。三期目のプーチン外交は、どのような方向を目指して船出したのだろうか。

第一に、エネルギー輸出に圧倒的に依存してきたロシアの経済体系を、多角化することであった。

第二に、有効な地域戦略を展開して、グローバルな影響力を強めることであった。特に、①欧米との関係安定化、②中国への警戒を強めつつもアジア重視、③旧ソ連諸国と良好な関係を維持、という三つの狙いに重点が置かれた。だが、後から振り返れば、ウクライナ危機でロシアの外交政策としての「ハイブリッド戦争」(Hybrid Warfare) が注目されるようになったことから、③の狙いは、違う方向に行ってしまった印象が否めない。

第三に、メドヴェージェフ時代のロシア・ジョージア戦争に代表されるハードパワー的な脅迫より、ソフトパワーを意識した外交政策を行うことであった。ただし、結果的にはハイブリッド戦争こそがロシアの手法として注目されることとなったのだが。

プーチン政権三期目のこの外交三本柱は、全体的に成功したと言えない状況があるが、就任時点ではこのようなビジョンが描かれていたのである。第二の地域戦略についてもう少し詳しく見ていこう。

まず、欧米との関係について、国内のナショナリズムを維持するためにも、ミサイル防衛(MD)などの諸問題をちらつかせながら基本的には安定的関係を維持しつつ、政治経済のみならず、エネルギーや軍事部門などでの協力深化を模索していくことを目指していた。だが、当時のヨーロッパの経済情勢は極めて悪化していたこともあり、外交はむしろアジア・太平洋地域(東方)重視にシフトしていった。これは実際にプーチンの政策構想でもたびたび強調されてきたことである。ロシアは西欧との関係を維持しつつ、南方を安定させながら、東方に進むヨーロッパ・太平洋国家として自国をアイデンティファイしたのである。

東方シフトの中で、ロシアにとって重要だったのが、中国ファクターであった。華々しい経済成長を遂げ、世界中に進出し、ロシアの「近い外国」である中央アジアでも大きな影響力を行使している中国は、対米政策や中東問題などでは同じ方向を向いているとはいえ、常に緊張が漂う関係であった。

他方、貿易やエネルギー輸出の相手としても、アジアの方が大きな潜在性を持っており、その文脈では日本との関係も重視されていた。それは、ロシアがエネルギーに依存した経済体質から脱皮を図る上でも重要だったのである。

「近い外国」については、ロシアとの関係強化が目指される一方、反比例的に親欧米路線の国にはより厳しい態度をとることになった。プーチンは大統領選挙前の二〇一一年一〇月にユーラシア連合構想を発表し、旧ソ連地域の関係を再結束し、アジアとEUの懸け橋となるという宣言をしたことも、「近い外国」を重視する意欲の表れのひとつだと考えられる。

†ユーラシア連合構想

プーチンは、ユーラシア連合の実現に向けて邁進してきた。ユーラシア連合構想は外交の大戦略（グランドストラテジー）と密接に関連しており、プーチン政権の外交の根幹を成しているが、実現への道はとても険しい。

二〇一四年に深刻化したウクライナ危機に伴う欧米諸国からの経済制裁、同年末以降の原油価格下落とルーブル危機によってロシアの経済状況が悪化してからは、ロシア自体にユーラシア連合構想を進める余裕がなくなった。さらにロシアと経済関係が密接な周辺国、特にさまざまな経済協力を行ってきたカザフスタン、ベラルーシも経済的打撃を避けられなかったことで、それら諸国の経済パフォーマンスも悪化し、ロシアとの共闘に辟易し始めていた。

そもそも、ロシアの経済が悪化する前から、ユーラシア連合構想は多くの障害により容易には進まないであろうことが予想されていた。

第一に、ロシアと経済関係が密接な周辺国は広大な領域を含むが、その歴史的、文化的、民族的背景は極めて多様だ。領域が広ければ広いほど、要素が多様であれば多様であるほど、統合は困難になる。

第二に、経済格差が大きいことも重要だ。とりわけ、経済状況は資源保有状況や地政学的位置に大きな影響を受ける。さらに、ロシアの経済状況が悪化すると、周辺国がドミノ倒しのように経済的ダメージを受けることは、一九九八年のロシア経済危機、二〇〇八年のリーマン・ショック、そして一四年以降のロシアの経済悪化でも深刻な問題として表面化した。

第三に、周辺国に依然として影を落とす「冷戦的状況」がある。周辺諸国は、真の「主権国家」として、自らの指向性を外交で体現していきたいと考えているが、現実には欧米とロシアの狭間で二者択一を迫られるジレンマに陥っている。ここに東西選択を強いられる「狭間の政治学」を見てとれるが、旧ソ連諸国で親欧米路線をとる国は如実にこの問題に苛まれてきた。欧米に接近しすぎればロシアから懲罰的仕打ちを受けることになる。親ロシア路線を貫けば、ロシアへの依存状況から抜けられなくなり、真の独立国になれないだけでなく、国際関係でも制約を受け続けることになるのだ。そのためアルメニアなど、欧米に接近したい本心を隠してきた国もあるのである。

現状では、ユーラシアにおける種々の統合の試みの多くは大きな成果を出せていないが、「ユーラシア連合」は「ユーラシア経済同盟」の先に見据えられた計画であり、いわば現在進行中の構想である。少なくとも「経済同盟」は当初の予定通りの進展を遂げてきた。加えて、中国が推進する「一帯一路」構想との連携や、プーチンの影響力を考えれば、一応、グローバルシステムの中の重要な一角になりうるものだと言えるだろう。

†ソ連崩壊後の小国の選択肢

そもそもユーラシア連合とはいかなるものか。プーチンの論文などから、彼の考えを洗い出してみよう。

二〇一一年九月、プーチンは、メドヴェージェフ大統領に代わって選挙に立候補すると発表した。ユーラシア連合の構想を発表したのは、同年一〇月三日に『イズベスチヤ』紙に掲載した「ユーラシアにとっての新たな統合プロジェクト――今日生まれる未来」と題する論文であった。その後も大統領選挙に向け、論文を続けて発表していったが、その最初のものである。

ユーラシア連合は、前提となる地域統合の流れがある。プーチンは、ソ連解体後に生まれた独立国家共同体（CIS）を筆頭に、政治的、経済的、軍事的な地域協力組織を基盤とする広範な分野を統合した連合体であると説明した。

ロシアはそれまでも多くの地域協力体を構築してきた。旧ソ連諸国は連邦国家として全体で一つの有機体を形成していたため、ソ連解体直後は重要インフラが新たな国境で断ち切られることになり、「一国で生きていくことが困難」な小国が多く生まれた。特に資源を持たない小国は多くの困難に直面することになった。そのため、ロシアの地域覇権がある中、ロシアが旧ソ連諸国との関係に取り得る政策の幅はかなり広い一方、ソ連から独立した小国の戦略的選択肢は概ね以下の四つに限定される。
①小国でもより多くの国との安定的な関係を模索する（バランス型。バルト三国など）
②強国に対抗せず追随する（バンドワゴン型。カザフスタンなど）
③様子を見ながらより高い自律性を確保する（日和見型。アゼルバイジャンなど）
④中立を維持する（隠避型。トルクメニスタンなど）

	2007年　関税創設条約＊5 2010年　関税同盟設立＊5	2011年　ユーラシア経済委員会条約＊5 2011年　ユーラシア経済統合についての宣言＊5 2012年　統一経済圏の設立＊5	2015年　ユーラシア経済同盟条約＊6	
			ユーラシア経済同盟（EAEU）	→ユーラシア連合に発展？
		〈統一経済空間の発展のための行程〉		
	ユーラシア関税同盟（EACU）			

筆者作成

＊4　ロシア、ベラルーシ、カザフスタン、ウクライナ
＊5　ロシア、ベラルーシ、カザフスタン
＊6　ロシア、ベラルーシ、カザフスタン、アルメニア、キルギス

旧ソ連諸国は、多くの地域機構を形成しているが、直接の利害関係よりも戦略的意義を持つ地域機構のほうが目立つ。その背後には、旧ソ連諸国の親露か親欧米かという外交路線のジレンマがある。

欧米が支援する地域統合や地域グループもある。他方、地域グループや統合の中には「有名無実」化しているものも少なくなく、国際情勢や指導者の政策により状況が変わる例も多い。このような前提はあるが、ソ連時代の絆を基盤として、旧ソ連空間にはロシア主導による多くの地域協力体が生まれ、それがユーラシア連合に発展していくと想定されている。

表1にロシアが主導してきた旧ソ連の地域協力体の発展をまとめた。一九九一年のソ連

表１　ロシア主導の地域協力（2016年5月段階）

1991年　独立国家共同体条約 1992年　CIS 集団安全保障条約 1999年　ベラルーシ・ロシア連合国家創設条約＊ 1	1995年　ロシア・ベラルーシの関税同盟 1995年　ロシア・カザフスタンの関税同盟 1996年　四カ国統合深化条約＊2 1999年　関税同盟および統一経済圏に関する条約＊3	2000年　ユーラシア経済共同体の設立に関する条約＊3 2003年　単一経済空間の形成に関する条約＊4	
		ユーラシア経済共同体（EAEC）	
	経済・人道分野で増加した統合		
独立国家共同体（CIS）			

＊1　2000年から統合は事実上停滞
＊2　ロシア、ベラルーシ、カザフスタン、キルギス
＊3　ロシア、ベラルーシ、カザフスタン、キルギス、タジキスタン

解体以降、ＣＩＳ創設から始まり、多くの地域協力体が作られてきた状況が理解できる。

経済共同体から関税同盟へ

プーチンがユーラシア連合の特に重要な前提と考えていたのが、「ユーラシア経済共同体（ＥＡＥＣ）」構想である。それに並行して、ロシア、ベラルーシ、カザフスタンは「関税同盟」を創設し、三カ国による「統一経済空間」を発足させ経済統合を進める。関税同盟にはキルギスやタジキスタンなどの国々にもメンバーシップを広げていくと説明された。そして、共通通貨の発行や就労の自由化を順次進めながら、「ユーラシア経済同盟（ＥＡＥＵ）」[*21]を発足させる。経済的なつながりを基盤としながら、政治や社会の面で

も統合を進め、ユーラシア連合につなげていくという予定を明らかにした。この流れを概観しておこう。

二〇〇〇年から一五年まで機能したユーラシア経済共同体は、共通通貨の発行や就労の自由化などを段階的に行いながら、政治や社会の面でも協力を進め、一五年一月一日、ロシア、カザフスタン、ベラルーシはユーラシア経済同盟を発足させた（のちにアルメニア、キルギスが参加）。

関税同盟の発足は二〇一〇年一月一日だった。その結成までには、いくつかの類似の試みも着手されていたが、うまく機能してこなかったという経緯があり、それらの経験と反省をいかす形で発展深化が目指されたのだった。[*22]

ロシア、ベラルーシ、カザフスタンは、二〇一二年一月一日に「共通経済空間形成に関する一七条約[*23]」を発効させたことから、関税同盟から経済同盟への道筋にめどが立った。この条約発効に先立つ一一年一一月には関税同盟の最高意思決定機関であった「ユーラシア経済共同体国家間評議会」が「ユーラシア経済最高評議会」へと、常設調整機関の「関税同盟委員会」が「ユーラシア経済委員会」へと改称とされている。

統一経済空間の創出については、関税同盟を基盤にして、二〇一二年から加盟三カ国で統一の経済圏を形成し、商品・サービス・資本・労働力の移動を自由化することにより進められた。

これにより、規格認証の分野でも関税同盟内で統一技術規則を策定していくことになった。

†目指すのはソ連復活かEUか、別のものか?

プーチンがソ連解体を「二〇世紀最悪の地政学的惨事」だと主張していることもあり、旧ソ連諸国、欧米など多くの国々で、ユーラシア連合構想は「ソ連復活の試み」だとして警戒され、「形を変えた帝国主義」だという印象を持たれた。それに対し、プーチンは「歴史に葬られたものを復活させる試みは無邪気すぎる」とし、帝国主義的野心を否定しつつ、EUとアジアを結ぶ架け橋を作り、グローバル化に貢献する意向を強調した上で、「ユーラシア連合」のイメージは、EU的な地域機構であり、ロシアはその創設によって、国際的な影響力を強めたいだけだと述べ、諸外国が抱いた脅威論を否定してきた。

それでは、ユーラシア連合は具体的に何を目指しているのだろうか。ソ連解体直後の新生ロシアでは、今後の外交方針をめぐってユーラシア派と西洋派の間で激しい路線対立が繰り広げられた。ごく簡単に言えば、ユーラシア派はアジア中心の、西洋派は欧米中心の外交方針である。結局、この両派の対立に明確な結論は出されなかったが、プーチンがユーラシア中心主義を掲げたことでアジアに向いている、つまり「東進」の方向性をとっていると言える。

ロシアの天然資源の最大の上客であった欧州諸国の債務危機や自国の極東開発の必要性を背

景に、プーチンは一二年、「アジア太平洋との経済統合推進」を掲げ、同年九月に極東ウラジオストクで開催されたＡＰＥＣ首脳会議でも、「東方重視外交」に本格的に着手すると宣言し、当時のバラク・オバマ米政権の「アジア重視」戦略にはっきりと対抗する姿勢を示した。

だがプーチンは、ユーラシア連合構想の説明においては、ヨーロッパの要素も強調した。アジアを向きつつもヨーロッパとも緊密に連携していくという「ユーラシアの大国ロシア」のイメージを強く打ち出したのである。そしてこれが、現在のロシア外交の基軸だといえる。プーチンの構想内容をまとめておこう。

第一に、ユーラシア連合は、ソ連の再生ではなく、国家を超越した巨大な統合体であり、世界の一つの極となって、欧州とアジア太平洋地域を効率的に結びつける橋渡し役となる。

第二に、旧ソ連地域の今後の統合プロセスの核となるものであり、関税同盟や統一経済空間など、既存の組織を段階的に併合・発展させていく。

第三に、独立国家共同体（ＣＩＳ）と対立するものではなく、両組織は旧ソ連の空間において、それぞれ適材適所の役割を担う。

第四に、外部に開かれた構想であり、他のパートナーの参加を歓迎する。

プーチンは、ユーラシア連合を、欧州連合（ＥＵ）、北米自由貿易協定（ＮＡＦＴＡ）、アジア太平洋経済協力（ＡＰＥＣ）、東南アジア諸国連合（ＡＳＥＡＮ）などとともに、世界経済システムの基盤を構成するものとなると想定した上で、ユーラシア連合を創設することこそが、ロシアが世界において確たる地位を占めることにつながると考えた（石郷岡 二〇一三）。

ともあれ、ユーラシア連合構想の発表により、三期目のプーチン政権の外交のプライオリティが旧ソ連圏を含む「ユーラシア」におかれることが明らかになった。これまでの欧州重視政策に加え、アジア重視の色合いを濃くする一方、ロシアが言うところの「近い外国」、すなわち旧ソ連諸国との関係強化を進める方針が提示されたわけである。

†中国への対抗か

「ユーラシア連合」構想を発表した頃から、ロシアの中国に対する姿勢が明らかに変わり、中国をかなり意識している状況が見てとれる。そのため、これは中国を意識して生み出されたものだと考える研究者は少なくない。

たとえば、二〇一一年一〇月五日、中国側の通訳がロシアのS-300地対空ミサイルの機密文書を盗もうとしたとして、約一年前にロシア連邦保安庁に逮捕されていたことが突然発表された。プーチン訪中（一〇月一一～一二日）の直前であり、そのタイミングは多くの憶測[*24]を呼んだ。

一一月二二日には、空母開発を進める中国が、艦載機の着艦に不可欠な機体制動用ワイヤをロシアから購入しようとして、拒否されたことも報じられている。

李克強・中国副首相（当時。二〇一三年から首相）によるロシア公式訪問計画（二〇一二年一～二月中）では、プーチン首相（当時）とメドヴェージェフ大統領（当時）が共に会談のオファーを拒否した。[*25] 友好国である中国高官との会談を拒否することは極めて異例な事態で、中国側はロシア側に理由を問うなどし、両国関係に緊張が走った。

これらの動きが中国へのメッセージであったことは間違いない。

†ロシアの大戦略と八つの手段

戦術家のプーチンは、その時々の状況に即応してさまざまな手段を効果的に組み合わせて用いることに長けている。プーチン外交のグランドストラテジー[*26]は、「勢力圏」（sphere of influence）の維持である。ロシアが考える勢力圏とは、第一義的には旧ソ連領域であり、少なくともバルト三国を除いた領域については、欧米の影響力を何としても排除することが最低限の目標となる。第二義的なロシアの勢力圏は、冷戦時代の旧共産圏と旧ソ連諸国以外の友好国[*27]、そして地球温暖化による海氷の融解で戦略的意義が高まった「北極」などの新領域である。つまり、旧ソ連地域を勢力圏として堅持しつつ、欧米への対抗力を高めるために歴史的に縁のある地域や、欧米のお膝元などの戦略的意義の高い地域への影響力を強めていくことがプーチン外交の中心軸となる。

ロシアは、米国による一極的世界に反発し、中国とタッグを組みつつ多極的世界を実現し、自らもその一極を担うことを国際政治における重要な基本戦略として追求してきた。ここで留意すべきことは、ロシアにとっては多極的世界の実現も、勢力圏の維持があってこそ成り立つということである。つまり、勢力圏の維持はロシア外交のすべての根幹をなしているといえるのだ。

グランドストラテジーを達成・維持するために、プーチンは以下、八点に集約される戦術・手段を外交において巧みに用いてきた(Starr and Cornell 2014。各項目の解説は筆者による)。
①外交とビジネス――ソ連時代からつながりが深い旧ソ連諸国を、ロシアの勢力圏に維持しておくために有効な手段とされている。ロシアは意に適わない国に対し、査証を拒否したり、禁輸措置を講じたりすることで、相手にダメージを与えることができる。
②情報とプロパガンダ(メディア操作)――二〇一六年の米大統領選挙でも、ロシアはさまざまな情報とプロパガンダを有効に使って干渉したと騒がれた。メディアを活用した情報戦術は決して目新しいものではなく、ソ連時代からずっと使われている。
③政治家のすげ替えや教会の利用――反ロシア的思考を持つ指導者・政治家はクーデターなどを利用して失脚させ、親ロシア的な者にすげ替える。クーデター支援やさまざまなレベルでの

長短期的な政治的干渉などによって達成が目指される。ロシア正教の絆を利用することもあり、人的要素から相手国の内政を揺るがしていく。

④反対勢力・市民社会・過激派の支援——経済面、技術面で反体制派や不安分子を支援し、内政の不安定化を図る。

⑤破壊活動・テロリズム——世界中で、暗殺など不可解な事件が起きているが、ロシアが首謀したものもかなり多いと考えられている。

⑥経済・エネルギー戦争——①の外交とビジネスとも重複するが、旧ソ連諸国の中でエネルギー非産出国は、石油・天然ガスの多くをロシアに依存している場合が多い。政治的にロシアと相容れない場合、エネルギー価格を釣り上げたり供給を停止したりする。ほかに、相手国の輸出産品に対して禁輸措置を講じて、相手国を追い込むこともある。

⑦凍結された紛争や未承認国家、民族間の緊張の創出や操作——ロシアは「凍結された紛争[*28]」を意図的に創出し、また解決を阻止してきた。その際に、ロシアは相手国内に存在する分離主義勢力（未承認国家を構成）を支援することで、あえて民族間の緊張を生み出し、情勢を不安定化させた。この戦術は、ジョージア、モルドヴァ、ウクライナなどで特に効果的に用いられた。

⑧正規・非正規の戦争（サイバー攻撃、秘密部隊の利用、プロパガンダ、政治工作）——正規・非

正規の戦争を巧みに組み合わせる戦法は「ハイブリッド戦争」に代表される。ハイブリッド戦争とは、宣戦布告をせず、正規軍、特殊部隊や民兵を駆使し、宣伝工作、情報操作、政治・経済工作など異なる手段を組み合わせた新しい作戦形態であり、ロシアがウクライナ危機で用いたとして有名になった。同様の手法をＩＳＩＳ（イスラム国）も用いていることから、「二一世紀型の戦争」とも言われる。

ロシアにはグランドストラテジーと戦術・手段はあっても、その中間領域の作戦術がない（ソ連にはあった）から、外交で失敗してきたのだという意見（小泉悠氏）や、中国外交は作戦術があるから成功しているのだという意見（稲垣文昭氏）もあるが、ロシアはロシアなりにさまざまな手段を複雑に絡めながら、勢力圏の維持に腐心してきたことは間違いない。旧ソ連諸国を束ねるだけでも困難であるが、ウクライナ、ジョージア、モルドヴァなどが親欧米路線を取り、ＥＵやＮＡＴＯへの加盟を目指していること[*29]は、ロシアの勢力圏構想において大きな障害となってきた。そのため、ロシアは上記八つの戦術・手段を巧みに用いて、それら諸国を勢力圏内に留めようとしてきた。その結果が、二〇〇八年のジョージア戦争や二〇一三年末から現在にも続く一連のウクライナ危機[*30]などの混乱なのである。

独立国家共同体（ＣＩＳ）がほとんど機能していない中で、それに代わって旧ソ連諸国を勢力圏に置くための装置として、ロシアはユーラシア連合を提案したとも考えられるだろう。ユーラシア連合はつい最近始まったプロセスではなく、ソ連解体後のさまざまな地域における試みの流れの上に成り立っているのである。

†APEC、WTO、FTAAPを高く評価

ユーラシア・プロジェクト構想はどんどん拡大している。

二〇一七年一一月八日、プーチン大統領は、ベトナム・ダナンにおけるアジア太平洋経済協力会議（APEC）第二五回首脳会議を前に、論文[*31]を発表した。プーチンは、さまざまな問題を議論し、立場を調整する機会を提供し、政治状況に左右されず、全会一致と自発性、互恵と歩み寄りの原則に基づく協力を目指す姿勢を「APEC精神」と呼び、APECを高く評価した。

その上で、オープンで互恵的かつ世界貿易機関（WTO）の普遍的なルールに基づく効率的な経済統合こそがアジア太平洋地域の明るい未来を可能とするとして、ロシアはアジア太平洋自由貿易圏（FTAAP）の創設を支持すると論じた。

ウクライナ危機による対露制裁でロシアは大きな経済的打撃を受けたが、それによりアジアとの経済関係が深まることとなり、過去五年間でロシアの対外貿易におけるAPEC諸国が占める割合は二三％から三一％に伸び、輸出は一七％から二四％に増えた。このことから、FT

AAP構想という壮大なプロジェクトがロシアの利益にかない、急成長するアジア太平洋の市場でロシアはプレゼンスを拡大するチャンスに恵まれたとも述べた。さらに、FTAAPとユーラシア経済同盟との統合も示唆しつつ、ベトナム（二〇一七年のAPEC議長国）が、ユーラシア経済同盟と自由貿易協定（FTA）を結んだ最初の国であることを指摘した。加えて、ユーラシア経済同盟と中国の一帯一路路線の連携を基盤にして、広範囲のユーラシアとロシア極東の開発を推進しながら、アジア諸国と輸送、通信、エネルギー分野を含めて社会基盤（インフラ）を複合的に発展させることが急務であると主張したのであった。

†参加国で高まる期待と不安

プーチンのユーラシア・プロジェクト構想の基盤となる「ユーラシア経済同盟」の計画は広範囲かつ多面的であり、主要部門での協調政策、医療・電気・原油市場の統合が進められる他、二〇一六年には医薬品や医療機器の販売規則を統一して共通の医療市場を形成し、一九年までに電力市場を、二五年までにガスおよび原油・石油市場を統合することが目指されている。

ただしユーラシア経済同盟の将来性を危惧する声もある。その最大の原因はウクライナ危機である。ウクライナ危機によって多くの国々がロシアに対して経済制裁を科し、それに対してロシアもまた報復措置をとっている。ロシア経済の支柱となっている石油の価格が暴落したことにより、経済悪化の状況は深刻になり、ロシアの通貨ルーブルの価値も暴落した。側杖を食うまいと、カザフスタンはロシアに金融措置をとり、ベラルーシはルーブル取引を停止した。

二〇一四年末には、ユーラシア経済同盟の誕生は不可能なのではないかと言われていたが、予定通り一五年一月一日に発足し、プーチンが示した工程表の通りに動いてきたのも事実だ。

発足時点でのユーラシア経済同盟の構成国は、ロシア・ベラルーシ・カザフスタンだったが、発足翌日の一月二日にはアルメニアが加盟し、五月八日にはキルギスの正式加盟が決定された。そして、一六年一〇月にはユーラシア経済同盟とベトナムとの自由貿易協定も締結されるなど、その進展は順調に見える。

しかし、必ずしも順風満帆ではなかった。ロシア・ベラルーシ・カザフスタンの三カ国はロシアが圧倒的に経済的に優位なので、国ごとに猶予期間を設けるなどの調整は必須であった。新加盟国のアルメニアとキルギスについても段階を経た調整が必要となっている。しかも、ベラルーシ以外の国々が世界貿易機関（ＷＴＯ）加盟国であることから、諸外国との調整も必要となる。

また、ベラルーシやカザフスタンが不満を感じていることは看過できまい。ベラルーシは未だにモノの移動の自由化が達成されていないこと、最恵国待遇や内国民待遇が得られていないことに不満を持っている。

カザフスタンは通貨テンゲがルーブルに対して高くなっている影響で製造部門の競争力が落ち、ロシアと貿易をすればするほどカザフスタンが損をすることを懸念し、ロシアとの貿易制限に踏み切った（表立った行動には出ていないが、アルメニア国内でも、ユーラシア経済同盟の意味を疑問視する主張が飛び交っているという）。また、カザフスタンが一七年一〇月に国語表記をキリル文字（ロシア語のアルファベットに基づく）からラテン文字に変更したこと、英語教育に重点をおきはじめたことは、カザフスタンがロシアよりも欧米に接近しようとしていることの証左とも考えられており、ロシアは警戒感を隠さない。さらに一八年三月、カザフスタンがカスピ海の港（アクタウとクリク）の使用を米国に（アフガニスタンでの軍事行動の中継地点として）認めたことも、ロシアを激しく刺激した。この取り決めが、カスピ海の港をペンタゴンとその同盟諸国の基地に変えるものだとして、ロシアの専門家は批判している。

このようなユーラシア経済同盟の初期メンバーの不穏な姿勢や参加国の不満は、継続するウクライナ危機とも相まって、今後の不安材料となっているのである。

第三章

中国の西進──一帯一路とＡＩＩＢ

†中央アジアから中国への天然ガス輸送

中国のユーラシアにおける動きでは、シルクロード経済ベルト構想と一帯一路構想、そしてアジアインフラ投資銀行（ＡＩＩＢ）が注目されているが、実はそれらの構想が公表・着手される前から、中国は着実にユーラシアへの影響力を増してきていた。その動きが顕著に見てとれるのは、旧ソ連のエネルギーセクターへの進出であろう。

旧ソ連地域は資源保有国が多く、ロシアを筆頭に、中央アジアの三カ国、すなわちカザフスタン、トルクメニスタン、ウズベキスタンと、南コーカサスのアゼルバイジャンは、石油や天然ガスを保有している。ソ連解体後は、旧ソ連の資源の多くが欧州などに輸出されるようになったが、中国の経済発展および、それに伴う中国のエネルギー需要の顕著な拡大により、二〇〇〇年代以降、中国の旧ソ連エネルギー市場への進出が活発になった。

二〇〇三年、中国はカザフスタンのカシャガン油田（推定埋蔵量九〇〜一三〇億バレル）など二カ所の油田の原油掘削権と、アゼルバイジャンのピルサガト油田（確認埋蔵量は約七〇〇〇万トンの中規模油田）の権益五〇%を取得した。同年、中国石油天然気集団公司（ＣＮＰＣ）とカザフスタンのカズムナイガスは、カスピ海の原油を中国に輸出する大規模パイプラインの建設を促進する合意文書に調印している。

中国―カザフスタンのパイプライン[*32]では、第一期工事（一二〇〇キロ）が二〇〇四年九月に着工、〇六年七月には稼動を開始した。第二期工事（三〇〇〇キロ）は〇五年三月に着工された。またパイプライン建設と並行して、石油精製工場（一〇〇〇万トン規模）とエチレン工場（一二〇万トン規模）も建設され、地域全体を活性化させるプロジェクトとなっている。

トルクメニスタンと中国を結ぶパイプライン（一八三三キロ）も二〇〇九年に完成している。これはトルクメニスタンの天然ガスをウズベキスタン、カザフスタン経由で中国に輸送するものである。[*33]四カ国がエネルギールートでつながったわけだが、これはロシアの影響圏を完全に侵食することとなった。ＣＮＰＣは三〇年間にわたり、年間三〇〇億立方メートル以上の天然ガスを輸入することになった。[*34]

さらに二〇一一年、トルクメニスタン—中国の第二分岐パイプラインができたことで、ウズベキスタンの天然ガスも中国へ輸送されるようになった。現在、中央アジアにおける旧ソ連主要三カ国のエネルギーが、中国に輸出されている状況だ。

中国が中央アジアのエネルギー産業に参入する以前は、中央アジアの資源保有国は不条理な条件の下、ロシアへの天然ガス輸出を強要されてきた。ロシア以外に資源を輸出しようとすると、多額の手数料をロシアから徴収されたため、ほんの少量をイランに輸出できたにすぎなかった。一方ロシアは、中央アジアから独占的に安価で天然ガスを輸入し、欧州に高く売りつけ、高い中間マージンで甘い蜜を吸っていた。

しかし、中国に資源輸出を直接行えるようになったことで、中央アジア諸国は重要な経済基盤を確保できるようになった。つまり、中国と中央アジアのエネルギー協力は、中央アジア側の「販路の多様化」というニーズと、中国側の「資源供給源の多角化と安定確保」という思惑が一致したものなのである。

以前から中央アジアでは、失業率の高さと経済規模の小ささのため、多くの出稼ぎ労働者(特に、タジキスタンとキルギス)がロシアで働いていたが、二〇一四年以降のロシアの経済悪化とルーブル下落で出稼ぎ労働者の多くが帰国を迫られた。そんな中、中国の進出により中央アジアで新しいビジネスが展開されれば、雇用も増えると考えられ、そのような観点からも中国は中央アジアで歓迎されていた。

一方で、中国からの巨額の援助は資源目当てでしかない、という不安の声が中央アジアの一部の住民から出ているのも事実だ。抗議運動が起こり、政府との摩擦に至るケースもあったが、全体的に見れば、中央アジアの政府も住民も概ね中国の進出には好意的である。中央アジアの政治経済体系はロシアをコアにした閉じたシステムから、明らかに脱却しつつある。

†ロシアの危機感

「勢力圏の維持」を外交の根幹とするロシアにとって、中央アジアにおける中国の進出を看過できるはずはない。しかし、中露両国はユーラシアにおいて、ロシアは政治・軍事面で、中国は経済面で影響力を及ぼすという棲み分けをしてきた。そのためロシアは名目的には中国向けパイプラインに支持を表明しているが、以下の三点には危機感を強めている。

①中国が中央アジアのエネルギー網を手中に収めながら影響力を強化しつつあること。
②中央アジア産天然ガスの独占と買い叩きが不可能となること。
③シベリア産天然ガスの対中輸出で、価格的にトルクメニスタンが直接の脅威になること。

ロシアは、経済とインフラにおける中国の影響力が、そのまま政治的影響力につながっていくという懸念を持っている。

長年、ロシアは中国との天然ガス契約で揉めてきたのは前述の通りだ。しかし、ウクライナ危機以降、ロシアからの天然ガス購入を差し控える動きが欧州で起こる中で中国とのガス供給契約が合意されたこともあり、エネルギー問題でロシアは中国に頭が上がらない部分がある。対中国、対中央アジア、対欧州など、ロシアはエネルギー政策の全般的な変更を迫られており、ユーラシア全体のエネルギー貿易図に大きな影響が出る可能性は高い。

ここで、最近のエネルギー分野での中露の動きを確認しておこう。前述したように、中露両国は、相互に警戒心を持ちながらも、多極的世界を目指す戦略的パートナーとして、互恵の原則に基づいた関係を深化させてきた。エネルギー分野での協力も、互恵の原則に基づく。

具体的には、ロシアから中国への石油、天然ガス、電力の輸出や原子力発電での協力が期待されている。そのように多面的に進められつつあったエネルギー協力のなかで、最大のネックとなっていたのが天然ガスの価格交渉であった。中露は、天然ガスの価格交渉を一九九七年に開始したが、お互いに歩み寄れない状況が続いた。

†東シベリアの原油を中国へ

中露両国の天然ガス価格の合意は難航した一方、東シベリアの原油の取引は相対的にスムーズに進んだ。二〇〇八年一〇月、中国の温家宝首相（当時）とロシアのプーチン首相（当時）が全面的で長期にわたる協力の原則・市場原則・互恵の原則を謳った「中露エネルギー協力の三原則」を打ち出した。それ自体は具体的な成果を生むものではなかったが、「東シベリア・太平洋石油パイプライン」の支線の建設と運営に調印（「スコボロジノ―中露辺境の原油パイプライン建設と運営の原則協議」文書）したことの意味が大きい。

ESPOパイプラインは、二〇〇六年に建設が始まり、〇九年には支線の建設も始まった。同年一二月にはさらに延伸され、第一期（ESPO‐Ⅰ）の工事が完成し、一一年には支線による原油供給が開始された。一二年に建設が始まったスコボロジノ―中露辺境ナホトカ・コズミノ港までの原油パイプライン（ESPO‐Ⅱ）は、すでに完成している。低硫黄の東シベリアの原油は国際的な需要が高まっているのだが、経済成長が著しいアジアでは、特にその需要が高い。ロシアはESPOを使い、中国を通じて東シベリアの原油をアジア中に輸出したいと考えている。そのため、ロシア政府はESPO経由の原油輸出に輸出税を一時停止するなどして、輸出の促進を図っている。ちなみに、東シベリアのプロジェクトには日本も参画しているが、現在は、液化天然ガス（LNG）の形での輸入が主となっている。

他方、中露の天然ガスの取引は二〇一四年に交渉が急展開した。五月二一日、プーチンの訪中時に、約一〇年に及ぶ交渉が結実し、四〇〇〇億ドル規模の歴史的なガス供給契約が締結さ

図1　ロシアの石油パイプライン、ガス・パイプライン

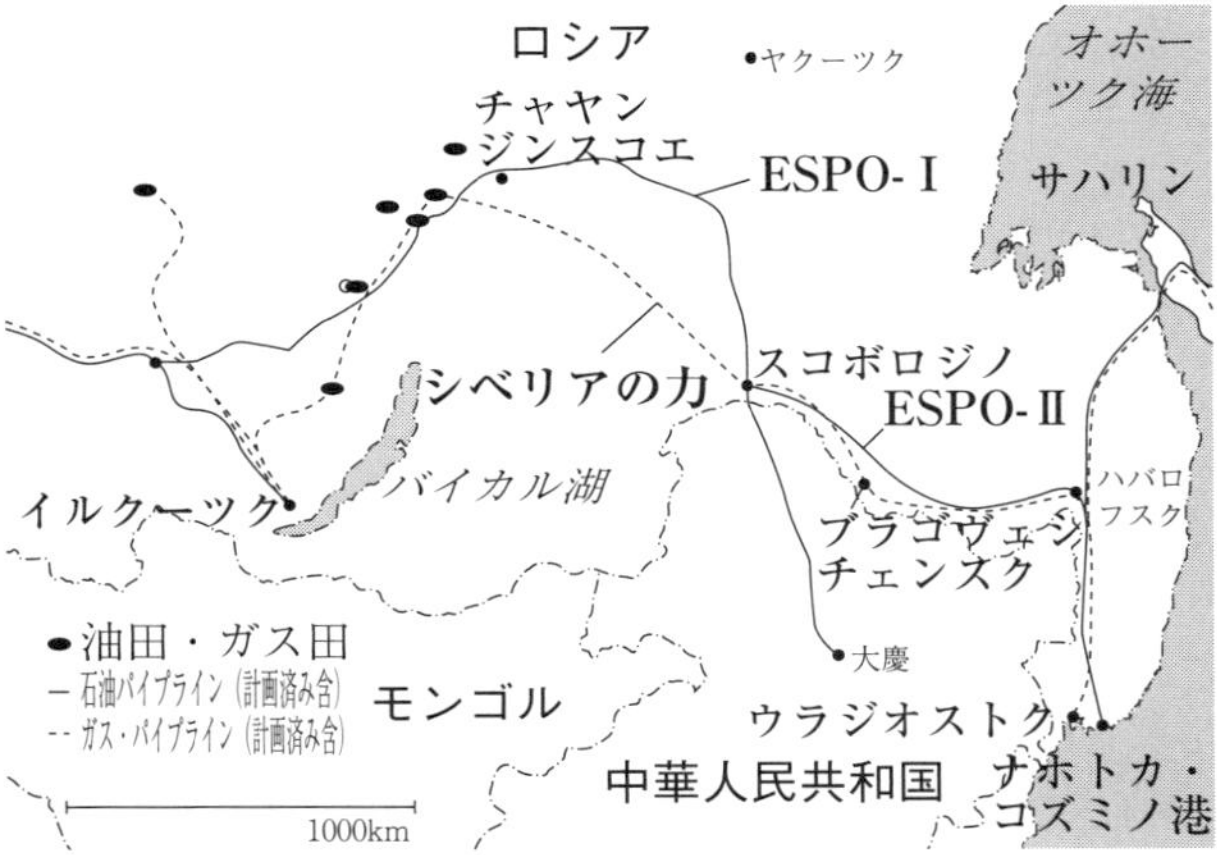

トランスネフチ HP およびガスプロム HP の地図をもとに作成

れたのである（訪問前から価格での妥協を決意していたのではないかと言われている）。これにより、一八年から三〇年間にわたり、年間約三八〇億立方メートルの天然ガスをロシアが中国に供与することが決まった。この背景には、中国の中央アジア進出や、ウクライナ危機による制裁などにより、ロシアは価格で譲歩する以外の選択肢はないと観念したと考えられている。

†「シベリアの力」への期待

二〇一四年の合意に基づくロシアから中国への天然ガスの輸出は、「シベリアの力」と命名された新規パイプラインで行われることが予定されている。*35「シベリアの力」は、プーチン自らが指揮を執り、同年

九月からガスプロムがロシア部分の建設を進めており、中国側も翌一五年六月に自国の部分の建設に着手した。中露は、この建設にあたり、単なるインフラ建設にとどまらず、ガス分野における長期の中露協力の開始を意味する「ウィン・ウィン（win-win）」の、つまり互恵的な良いプロジェクトにしていこうという約束もしている。

「シベリアの力」が持つ意味は非常に大きい。予測不可能な要素も多々あるとはいえ、完成すれば、シベリアから中国に直接天然ガスが輸送され、さまざまな影響をもたらす。

第一に、このパイプラインが完成すると、タンカーで輸送されるLNGが競争力を失い、価格が落ちるだろうと予測されている。第二に、ロシアがエネルギー経済で生き残る可能性は、「シベリアの力」だけだろうという議論がある。シェールガス・ブームや欧米のロシア離れのためだ。第三に、「シベリアの力」は中露関係を強化する一方、米国への対抗力を強める効果を持つと考えられている。

とはいえ、資金不足のゆえに「シベリアの力」の建設計画に遅れが出ているという懸念が広がっている。ロシアはもちろんであるが、二〇一五年夏に急に深刻になった中国経済の減速も不安材料だ。計画延期説もささやかれる中、ロシア当局は計画延期を否定し、強気の姿勢を貫いてきた。確かに計画に遅れは生じているものの、ガスプロムは、一八年五月一七日に、「シベリアの力」パイプラインのうち一七九〇キロ超（約八三％）の建設が終了したことを明らかにした。うち、チャヤンジンスコエ油田（サハ共和国）から極東アムール州ブラゴヴェシチェンスクまでの第一期工事分の三分の二以上に当たる約一四八〇キロは二月上旬に建設したという。なお、ガスプロムは、中国への天然ガスの輸出は、予定通り一九年一二月二〇日から開始されるとくりかえし明言しており、関係者は予定通りの開通を目指している。

†中露の〝経済構想〟は連携するか

二〇一三年三月から中華人民共和国第七代国家主席の座にある習近平は、同年九月に、後に「一帯一路構想」の一部となる「シルクロード経済ベルト構想」をカザフスタンで公にした。カザフスタンはベラルーシとともにロシアが主導するすべての地域連合に加盟しており、旧ソ連諸国の中でも、特にロシアにとって重要な国である。面積はロシアの次に大きく、接する国境が長い上、石油・天然ガスも産出するなど、戦略的な意義が大きい。そのカザフスタンで習近平が同構想を発表したのには、大きな意味があった。

同構想の内容は、太平洋からバルト海に至る基幹道路を建設し、中国の通貨・人民元と各国通貨の直接交換取引を目指すというものであり、習近平は「人口三〇億人のシルクロード経済ベルトの市場規模と潜在力は他に例がない」とその意義を強調した。だが、想定されている「場」はロシアの勢力圏と完全に重なっていることをまず留意されたい。

次に習近平が発表したのが「一帯一路」構想で、二〇一四年一一月に中国で開催されたアジア太平洋経済協力（APEC）会合で提唱された。歴史的に中国が世界経済の中心的位置を占めていたシルクロードの再現を意識し、大規模なインフラ整備・貿易促進・資金の往来の促進などによって、現代版の海上と陸上のシルクロードを構築するとされている。約六〇の対象国に加え、ASEAN、EU、アラブ連盟などの国際組織も支持を表明している。しかし、計画域内に争い（戦争・地域紛争・内乱）が多く、中国の台頭を恐れる国も少なくないなど、懸念材料も多い。陸上シルクロードはロシアの勢力圏の多くを縦断しているが、中国主導でのインフラ網の整備は着実に進んでいる。

ウクライナ危機によって接近を強めた中露は、二〇一五年五月にロシアで開かれた対独戦勝記念式典において共同声明を発表したが、そこには「ユーラシア経済同盟とシルクロード経済ベルト構想を連携させる」と明記されており、中露のメガプロジェクトの連携が世界に表明されたのであった。

†一帯一路構想は何を目指しているか

一帯一路[*36]について、日本も含めて一般的には「経済圏構想」と報じられることが多い。もちろん、経済的な思惑はあるとはいえ、根本的な位置づけは「勢力圏構想」である。ロシアも自国の勢力圏を守ることをグランドストラテジーとして最も重視していることを思い出されるだろう。「勢力圏構想」を外交の骨子に位置づける大国は、ロシアと中国であるという言い方もできる。

中国にとって一帯一路構想とは、朋友圏つまりお友達圏の形成であり、「協力、ウィン・ウィンを核心とする新型国際関係、人類運命共同体」の構築を目指すものである。そして、一帯一路の精神、シルクロード精神とは、平和協力、開放的包摂、相互学習・相互参考、互恵からなっており、これらを骨子として一帯一路を成し遂げようとしているという。一帯一路構想でイメージされているのは、「政治互信」「経済融合」「文化包容」を用いて、「責任共同体」「利益共同体」そして「人類運命共同体」を作り上げていくというものだ。経済の部分にばかり注目が集まるが、中国の思惑としては、もっと複合的かつ壮大なプロジェクトなのである。

一帯一路の対象地域は実に広く、ユーラシア大陸とアフリカ大陸を重点領域としつつも、すべての国の参加を歓迎するとしている。二〇一七年五月一四日の「一帯一路」国際協力サミットフォーラムの開幕式で行った講演で、習近平は「アジアやヨーロッパ、アフリカ、アメリカ大陸などのいずれの国も、一帯一路建設の国際提携パートナーとする」と明言している。

中国がシルクロードを模して重点的に建設を進めている三つの海路が以下のルートである。第一に、中国・インドシナ半島経済回廊・南シナ海・インド洋を結ぶルート、第二に、中国・

オセアニア・南太平洋を結ぶルート、第三に中国・北極海・ヨーロッパを結ぶルートである。この第三のルートは「氷上シルクロード」（後述）と同じである。

近年、特に目立つのが、第一と第三のルートである。前者は、ジブチ（アフリカの北東部）に初の海外補給基地を開設（二〇一七年）したことなどに代表される。後者は、北極圏に積極的に進出している様子に象徴される。なお、中国の北極圏への進出にからみプーチン大統領は、ロシアの北極海航路プロジェクトが、中国の一帯一路計画と連携することを希望すると表明した（一七年五月）。

中露はさまざまな形でメガプロジェクトの連携を進めようとしているが、ロシア国内には、実際には多様な意見がある。ロシアのユーラシア経済同盟と中国のシルクロード経済ベルト構想が激しく対立するという見方もあれば、両構想は似て非なるものだという声もある。確かに、対象地域はかなり競合するけれども、まったくレベルやアプローチが違うということは多くの論者が主張する。ユーラシア連合は主権国家を主体とした明確な計画だが、一帯一路は国というより地域を大まかに捉えた曖昧な計画であるというのだ（ただし、その「曖昧さ」が多くの国を惹きつけてきたのも事実である）。ともあれ、地域のインフラや経済基盤を整備することにより、ユーラシアの中心部が、誰にとっても利益となるような経済発展地域となれば、それはどの国にとっても役に立つのではないかとも言われている。共存共栄の前提となるのは、プロジエクトの共通部分が合理的に組み立てられていることだ。また、双方の協調があれば、むしろ相互補完的により大きな結果を出せるという議論もあるのである。

なお、まだあまり注目されていないが、中国は一帯一路計画の中で、「宇宙情報回廊」の構築を目指そうとしているという。二〇一六年度の中国『宇宙白書』によれば、二〇二〇年までを宇宙事業の基礎固めの時期として、力を入れていくことを明らかにしている。特に、軍事的にも、他国に依存しない衛星網の構築が急務という。中国は、宇宙強国と海洋強国とネット強国は緊密に連携した戦略であると考えており、一帯一路計画と宇宙計画は切り離せないものとなっている。

図2　一帯一路のイメージ図

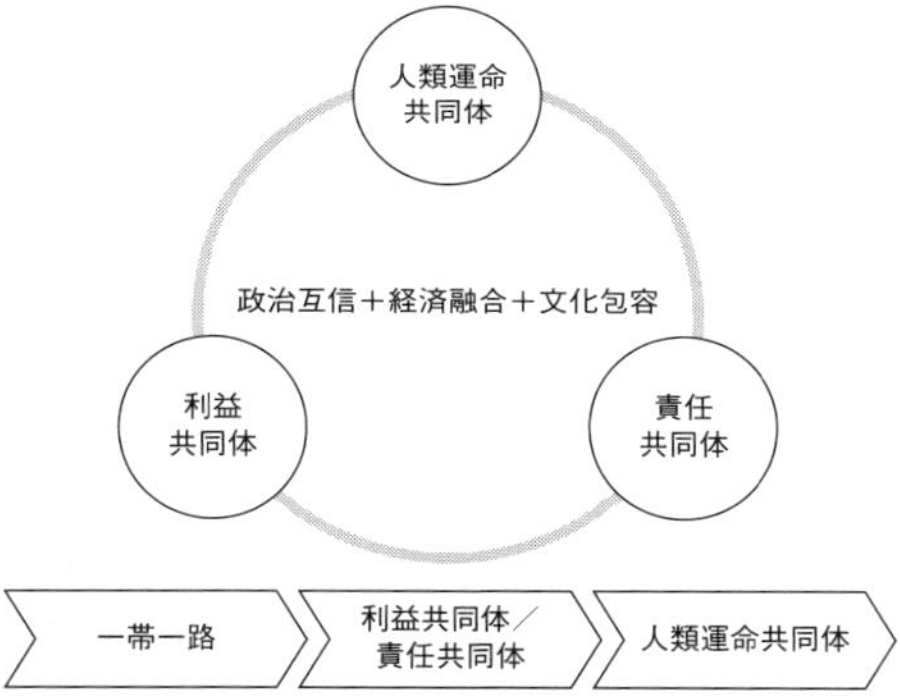

出所：三船恵美（『JFIR』P.28）

†AIIBの発足と米国の失望

二〇一五年一二月二五日、中国主導のアジア向け国際開発金融機関「アジアインフラ投資銀行（AIIB）」が五七カ国の創設メンバーで発足、翌年一月一六日に開業式典が行われた。

中国は、ＡＩＩＢの創設の目的を、日米が主導する「アジア開発銀行（ＡＤＢ）」では賄いきれていない、年々増額するアジアのインフラ整備に必要な資金対策を代替・補完的に行うことだとしている。[*37] ＡＩＩＢ創設直前の中国の外貨準備高は、三・八九兆ドルとみなされ、少なくとも帳簿上では世界最大であった。その経済力をバックにして、中国はグローバル経済への新たな挑戦を始めたと考えられ、この中国の動きは、ブレトンウッズ体制[*38]への挑戦であるというコメントも当初から頻繁に見られた。実際、ＡＤＢを主導する日本と米国は、ＡＩＩＢのガバナンスの欠如、出資の不透明性、高い基準での融資の維持への疑問などの理由で、参加を見合わせてきた状況だ。

また、ＡＩＩＢと「一帯一路」がセットで機能するように見えることも大きな注目を浴びている。公には、中国のシルクロード基金が一帯一路の資金調達源とされており、一帯一路とＡＩＩＢの関係は否定されているが、ＡＩＩＢが一帯一路のＡＴＭであると見る向きも少なくない。いずれにせよ、相互補完的な関係にあることは間違いなく、ＡＩＩＢによるインフラ整備は、一帯一路が必要としている輸送路整備に直結するものであり、共存共栄の関係にある。

中国は、一帯一路によるインフラ整備を利用して公共財を輸送することにより、中国のソフトパワーを拡散する目的があると考えられてきた。だが、実は、軍事的な影響力の拡大も大きな目的の一つであることが後に明らかとなる。

それでは、多くの国がＡＩＩＢに追従したのはなぜだろうか。まず、ＡＩＩＢがアジアを投資の対象としつつも、世界中に参加を求めていることを強く認識すべきだろう。中国の識者の中にも、上海協力機構（ＳＣＯ）やＢＲＩＣＳのような枠組みを使えば、ＡＩＩＢを新たに創設しなくてもいいのではないかという意見を持つ者もいた。ここで注目したいのは、ＳＣＯもＢＲＩＣＳも欧米諸国がまったく加盟していないということである。つまり、欧米諸国を巻き込んで、世界規模の経済プロジェクトを遂行するためには、新しい枠組みを作る必要があったのである。

ＡＩＩＢが波に乗った決定的な転機は、二〇一五年三月一二日にＧ７メンバーとしては初めて英国がＡＩＩＢへの参加を表明してからである。米国は同盟国にＡＩＩＢに加盟しないよう呼びかけていたが、英国の参加表明後、同月三一日の申請期限まで連鎖的に参加表明があり、結果的に創設メンバーは五七カ国にまで増えたのだった。ＡＩＩＢに欧州の大国が多く参加を決めたこと、特に英国が参加したことは、米国にとって大きな打撃だった。よりによって米国の長年の経済パートナーであった英国が米国を裏切り、しかもそれがＡＩＩＢ加盟の連鎖反応を引き起こしたことは、米国にとって許しがたいことであったろう。

なお、多くの欧州諸国がＡＩＩＢ参加申し込みの締め切り直前になってバタバタと参加表明をした理由の一つに、米国主導の対露制裁とロシアの対抗措置で欧州各国が大きな損失を被ったことによって、米国と経済の運命を共にすることに対する懸念が増したということもある。

新開発銀行NDBの発足

当初はAIIBに難色を示していたロシアも、ブラジルと同日となる二〇一五年三月二八日にAIIBへの参加を表明した。後に、南アフリカも加盟を表明し、全BRICS加盟国がAIIB創設メンバーとなった。

BRICS諸国は定期的に首脳級をはじめとした諸レベルの会議を開催し、二〇一四年七月には、BRICS版の国際開発金融機関を設立している。世界銀行（世銀）と国際通貨基金（IMF）に反発する形で、IMFに代わってインフラ整備資金などを融資することを目的とした「新開発銀行」（New Development Bank、NDB）[*39]である。

ロシアのアントン・シルアノフ財務相はNDBを「ミニIMF」と呼び、BRICS諸国が資本逃避や通貨下落のリスクに陥った際に緊急財源を融資すると説明していた。リスク予防策や経済危機後の対処のための補助として、同基金と通貨スワップ取引を利用できるという。BRICS基金には、中国が四一〇億ドル、ロシア、ブラジル、インドがそれぞれ一八〇億ドル、南アフリカが五〇億ドルを自国の外貨準備から拠出した。出資金からは中国の圧倒的強さが目立つ。NDBは、経済のみならず外交でも、BRICS諸国の共同歩調が目立つようになってきたことの大きな契機だと考えられている。NDBを、世界秩序構築の方向性として大きな意味を持つ第一歩だと評価する識者もいる。

NDBは、二〇一七年八月一七日、南アフリカのヨハネスブルグに「アフリカ地域センター」を開設した。アフリカ初の拠点となる。BRICS諸国によるアフリカ域内のインフラ融資を活性化させていくことを目的としており、経済成長や雇用創出など、アフリカ全体の底上げにつながることを期待されている。

NDBを主導するのは中国だが、ロシアはかねてよりBRICSの中で中国と主導権争いをしており、中国にお株を奪われないようにロシアも必死だ。

†NDBかAIIBか――ロシアのメリット

ロシアは当初からAIIBへの参加表明を積極的にしたわけではない。ロシアがAIIB参加を決めるまでには、さまざまな議論があり、また、参加表明後もどれくらい関与していくのかについては多様な憶測が流れた。ロシアの事情を検討してみよう。

ロシアがAIIBに参加するメリットとしては、特恵としてプロジェクトへの優遇的な資金供与が得られること、完全な権利を有して銀行運営に参加できる可能性があること、軍事大国としてばかりでなく経済大国としてのアピールができること、などがあると議論された。

他方、AIIBへの懸念も少なからず主張された。たとえば、AIIBが西側の金融機関に対抗しうるグローバルな機関に成長し、米国主導の経済システムに打撃を与えるまでの道のりは極めて厳しいと考えられている。また、そのプロセスにおいては、ロシアが望むような中国と米国との関係悪化は生まれないだろうと予測された。

加えて、すでにロシアが参加しているNDBとAIIBの類似性とそれによるリスクも指摘された。双方は共に、インフラ投資に主眼を置いており、定款資本の額もほぼ同レベルである。ロシアは、どちらかより有望な銀行を選んで、そちらの発展に集中すべきではないかという意見もあったのである。どちらも現在、スタート段階にあるということも共通しており、両方に関われば、共倒れする可能性があることも危惧された。

だが、NDBとAIIBの両方に参加することに意義があるという意見もあった。[*40] AIIBはアジアというロシアにとって重要な地域におけるロシア経済の統合強化のツールになりうる。短期的なリソース誘致という観点にとどまらず、アジアへの投資を長期的視野で考えれば、必ず有益に働くのだという。[*41]

このような議論を経てロシアは、AIIBへの加盟を決め、NDBとAIIBの事業を並行して進めることを決意した。このことは、IMFや世銀、そして日米主導のADBなどの、グローバル経済システム、金融機構の限界や不十分な点への挑戦が、二方向から行われることを意味した。そのような前提があるからこそ、NDBとAIIBは競争ではなく協調の道を歩むことができ、既存の経済システムの脅威となるのだと主張する論者もいた。

グローバル経済に対する中国の新たな動きと、ウクライナ危機の下での中露の外交・経済面での接近は、ロシアの経済にとって有利であると同時に、グローバル経済への挑戦であると言えるし、この連携が欧米による対露制裁の効果をますます減じる効果を持ったのだった。

では、ロシアのAIIBへの関与のレベルだが、蓋を開けてみれば、ロシアの存在感はかなり大きいものとなった。ロシアの出資比率は六・六六%で、それは第三位である。一位は中国の三〇・三四%、二位はインドの八・五二%である。[*42]

AIIBは非常に早いペースで進んでいる計画であり、加盟国も確実に増えており（創設時五七カ国から一八年二月現在で八四カ国が加盟）、参加国はADBを優に上回っている。また、ADBと異なり、中東、南米、アフリカなどの地域からの参加があるのも特徴的である。当初はAIIBの加盟国は東アジア、東南アジアに限定されると予想されていたが、欧州のみならず、アフリカや南米からの加盟もあったことで、「AIIBのAはアジアのみならず、アフリカやアメリカの略でもある」と、AIIB初代行長の金立群が発言するなど、予想をはるかに超える展開を見せている。

だが、AIIB単独の実績は極めて少なく、ほとんどは共同プロジェクトであるため、実質的にはまだまだこれからだと言える。

†鉄道をめぐる中露協力と対抗

中国は、ロシアの大規模建設や鉄道敷設などでも大きな役割を果たすようになっている。たとえば、ロシアの高速鉄道計画にも中国の業者が深く参入している。

二〇一五年一月二二日、中国が「北京―モスクワ」間の高速鉄道建設を計画していることが報じられた。[*43] この高速鉄道は中国・カザフスタン・ロシアを結ぶ全長七〇〇〇キロで、北京からモスクワまでを二日間で結ぶという。中でも特に注目されているのは、ロシアのモスクワ―カザン間の高速鉄道プロジェクトで、同年五月に中国中鉄がそれを請け負ったことが発表された。中国が「鉄のシルクロード」と呼ぶこのプロジェクトは、完成すれば、モスクワ―カザン間の列車の所要時間が、現在の一四時間から三時間半に短縮されるという。一八年に開催予定のFIFAワールドカップのロシア開催を見据えて計画されたが、着工されたのが一八年であり、開業は二〇二二年か二三年頃になると見られている。

中国は学術界を通じた鉄道の売り込みも活発に行っている。たとえば二〇一五年五月には北京交通大学とロシアの二大学が中露高速鉄道研究センターを設立することが決定され、翌一六年七月には、サンクトペテルブルクでセンターの除幕式も行われた。除幕式に出席した中国の劉延東副首相は、「交通分野での協力は中露の実務的協力の重点でありハイライトだ。去年、両国の企業連合体が落札したモスクワとカザンを結ぶ高速鉄道プロジェクトによって、ロシア初の高速鉄道が建設される。これは中国の高速鉄道が国外へ進出する重要なプロジェクトである」と述べた。[*44]

中国政府はロシアばかりでなく、中国と欧州を結ぶ鉄道も熱心に推進している。両地域を結ぶ列車という意味で、「中欧班列」と呼ばれる。中国の主要都市と欧州とを結び、中国が大規模な輸出を行っている。二〇一一年に中国・重慶とドイツ・デュイスブルクを結ぶ鉄道（渝新《ユーシン》欧《オウ》）が開通したのを皮切りに、中国・北京とドイツ・ハンブルクを結ぶ路線も開通したほか、二〇一四年にはスペイン・マドリードと中国・浙江省義鳥を結ぶ世界最長（一万三〇〇〇キロ超）の鉄道も開通した。二〇一七年四月末には、英国・ロンドンから中国・浙江省義鳥までのルート（一万二〇〇〇キロ。世界で二番目に長い距離）が直接結ばれた。それまで中国から欧州への大規模輸出は、上海などの沿海地域に荷物を運び込み、船に積み直していたが、鉄道網の整備により、中国内陸部からも直接輸出地に輸送できるようになる。鉄道の輸送コストは、飛行機を利用した場合よりずっと安く、ヨーロッパ・アジア間の船便の所要日数（約一カ月）が四分の一（約二週間）に短縮できるという。

ここまで述べた中国と欧州を結ぶ鉄道は、中央アジア経由であるが、二〇一七年一〇月末に、新たなルートが生まれた。アゼルバイジャン、ジョージア、トルコを結ぶ八五〇キロメートルの鉄道「バクー・トビリシ・カルス（ＢＴＫ）鉄道」*45である。中国から列車で中央アジアのカザフスタンやトルクメニスタンへ荷物を運び、カスピ海を船で渡って、バクーからまた鉄道を用いてトルコまで輸送すれば、欧州はすぐそこである。

しかし、鉄道輸送の利点の中途半端さから、諸外国の需要はあまり高くないという。実際、中国から欧州に向かう鉄道は貨物が満載されているが、復路、つまり欧州から中国に向かう列車に積載される荷物は少なく、中国が補助金で実績作りに勤しんでいるという話も聞く。

欧州までの鉄道網をより重層的に構築し、途中の都市との貿易も盛んにさせていきたいのが中国の思惑だ。また、カザフスタンも鉄道輸送の誘致に積極的だという（新井洋史氏による）。ただし、鉄道がロシアの対中不信感の一因になっている面もある。ここでも中露は、相互に強い警戒心を持ち、特定の問題以外ではライバルだという関係が見える。中国は鉄道プロジェクトが中露双方に資すると強調するが、実態はロシアが迂回されているケースが多く、ロシアの実利は少ないのが現実である。

ロシアが明らかに中国に対抗しようとしている証拠に、ロシアが「南北縦貫回廊」の建設に着手していることを紹介しておきたい。ＢＴＫ鉄道開通直後の二〇一七年一一月一日、プーチン大統領はイランを訪問し、ハサン・ロウハーニー・イラン大統領、イルハム・アリエフ・アゼルバイジャン大統領と三カ国首脳会談を行ったが、イラン大統領府の公式サイトによれば、三者会談の最大の成果は、南北を国際鉄道で結ぶ南北縦貫回廊（NSTC）プロジェクトであり、三カ国首脳は「南北縦貫回廊の一刻も早い完成を目指す」ことで一致したという。[*46] 完成すれば、イランからアゼルバイジャン、ロシアを経由して直接フィンランドまで貨物を輸送できるようになるため、中国の「シルクロード鉄道」に代替しうる、新しい欧州へのルートが生まれるというのだ。さらに、イランとインド、東南アジアを結ぶことで、東南アジア、南西アジア、イラン、コーカサス、ロシア、フィンランドという広大な領域が結ばれるという。最終的にはスエズ運河に対抗するルートになるとも言われており、世界的に影響力を持つ可能性を秘めている。

とはいえ、ロシア主導の「南北縦貫回廊」は完成までに時間を要するし、後述のように、二〇一七年一一月から中国もロシア、カザフスタン経由でフィンランド・中国を結ぶ鉄道の運行をすでに始めている。ただでさえ、中国のBTK鉄道の方が有利であるだけでなく、フィンランドルートも中国の方が先に開拓したとなると、ロシアに勝ち目があるようには思えない。それでも全般的に見て、鉄道プロジェクトの成否は、中国が他国へのメリットをどれくらい提供できるか、賛同を得られるかにかかっているともいえるだろう。

図3　中国海軍の戦略地図
（海上シルクロードと真珠の首飾り）

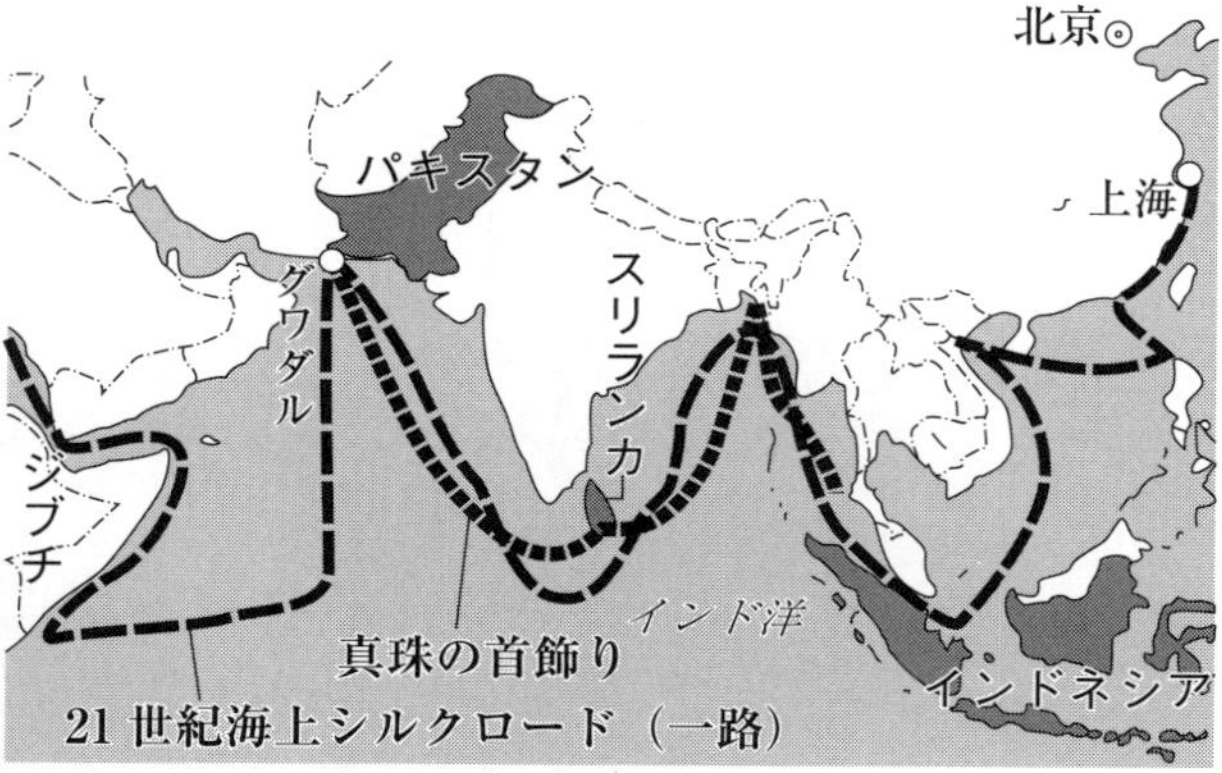

『読売新聞』（2017年8月21日）の図を元に作成

†一帯一路の軍事的性格が中国の本音？

本章の「一帯一路構想は何を目指しているか」の項でその性格を論じた時には、一般的に中国の経済圏構想だと考えられているが、「人類運命共同体」などを謳い文句にした勢力圏構想であることを強調した。実際、中国は一帯一路構想における軍事的意図をずっと否定してきたが、軍事的目的も大きな位置を占めていたことが後に明らかとなった。二〇一五年一二月に、中国の国防大学が開催した安全保障をテーマとする内部会議[*47]において、一帯一路構想の枠組みで、軍の海外拠点の展開を進めることが検討されたという（図3）。

ここにこそ中国の本音があるだろう。出席した国防大学の研究者二人は、中国海軍のインド洋海域への展開にインドネシア、スリランカ、パキスタン、ジブチなど一二カ所の補給基地が必要だという分析（米国防総省内では「真珠の首飾り戦略」と呼ぶ）を披露し、国有海運会社「中国遠洋海運集団有限公司」（コスコ）などの中国企業に、「商用名目で他国の港の使用権を獲得させ、海軍の停泊、補給地点とすべきだ」と主張したという議事録が存在するという。

この報道の真実味は、近年の中国の南シナ海における暴挙で増すこととなった。中国の南シナ海での動きは、まさに一帯一路でカバーされる（と中国が考える）領域の陸・海の支配を強める動きの一環である。これが高じると、現状では米国が最大の影響力を持ち、シリア周辺を中心にロシアも影響力拡大を目指している中東・アフリカ方面でも中国が影響力拡大を目指すであろうことは容易に推察される。

インドネシアから中東に至る領域というのは、資源保有国が多く、戦略的意義が高い。それを見据え、二〇一七年一〇月三一日には、初の海外基地となるジブチの中国軍基地を正式にオープンした。八月一日から運用は開始されていた同基地は地下施設も含め、諸外国の予想をはるかに上回る規模であったことから、緊張が生まれているのも事実だ。

陸上シルクロードと海上シルクロードの両方を効果的に活用することにより世界の天然資源に対するアクセス権と影響力を確保することになるのだ。安定的かつ多角的なエネルギー確保は、経済的にはもちろん、安全保障や軍事面でも強大化するための重要課題だが、中国は一帯一路が大きな役割を果たしうると考えている。中国は一帯一路構想で着実に計画を実現に移しており、大国への歩みをさらに確実なものとしつつあるとも言えるだろう。

†ウクライナに勢力を伸ばす中国

中国による旧ソ連諸国への進出は、中央アジア以外でも目覚ましい。それは、ジョージアとウクライナで特に目立つ。両国共に、親欧米路線をとってきた。言い換えるならば、反露的な国である。ロシアに頼らない（頼れない）代わりに、中国に頼っているともいえる状況だ。最近、ジョージアでは中国の看板が顕著に増え、携帯電話などの中国製品もかなり流通している。ウクライナはロシアと極めて厳しい関係にあり、また欧州に近いことからも、中国の活発な動きはロシアからも特に注目されている。

実は、ウクライナ危機の前から中国とウクライナの関係は良好であった。ロシアが出し渋る軍事技術や兵器、空母などの多くを、中国はウクライナから供与してもらっていた（第四章も参照されたい）。常に経済的に困窮していたウクライナにとっても、中国との取引は渡りに船であった。国レベルのみならず、ウクライナの技術者たちは薄給や給与未払いの状況にあり、個人レベルで技術を横流しした事例も多いとされる。二〇一五年三月には、中国が一五〇億ドルに及ぶ大規模融資をウクライナに供与したり、輸出先に困っていたウクライナのトウモロコシを大量購入したりするなど、中国からウクライナへの投資、融資は顕著に増額している。

二〇一五年の春には、双方の自国通貨を融通し合う二四億米ドル相当の「通貨スワップ協定」も合意された。外貨不足で困窮していたウクライナは、通貨スワップ協定により当面の外貨準備ができ、命拾いしたのだった。両国の緊密化は、ウクライナの主幹産業である農業・エネルギー・石炭分野など非常に広い分野に及ぶ。

言うまでもなく、ウクライナはロシアの影響圏の中でもっとも重要な国の一つである。中国が中央アジアのみならず、ウクライナにも進出していることは、ロシアにとって当然面白くないが、国際的に孤立している現状では、ある程度黙認せざるを得ないのである。

†一帯一路をめぐる中露の緊密さ

二〇一七年の五月一四〜一五日に、中国が推進している現代版シルクロード経済圏構想である一帯一路の国際会議「一帯一路国際協力サミットフォーラム」が中国の首都・北京で開催された。会議には、全世界の計一三〇カ国の一五〇〇人、そして二九カ国の首脳が参加した。

中国が一帯一路を推進し始めてから四年が経過していたが、このような会議が行われるのは初めてであり、中国は大国の威信をかけて会議に臨んだ。中国にとって、このサミットフォーラムは最近の外交政策の成否のメルクマールであり、また今後の一帯一路を展望するうえでも重要な一歩とみなされていた。そのため、中国は会議の成功に向けて入念に準備をし、参加国との連帯を強めるために手を尽くした。結果、自由貿易の重要性を盛り込んだ首脳会合の共同声明の採択にもこぎつけることができた。

同会議で目立ったのは、やはり中露関係の緊密さであった。当時、米国でロシアゲート問題[*48]が米国政治の焦点となる中で、米露関係が「冷戦後最低レベル」に落ち込んだとすら言われた中、米国への対抗軸で共通の利害関係を持つ中国とロシアが関係を緊密にするのは自然な流れであった。中露が一帯一路構想とユーラシア経済同盟（ＥＡＥＵ）の連携協定を一五年に結び、一帯一路の成功が中露両国にとって有益であると国民にも訴えつつ、関係深化を進めてきたことも大きな背景である。

同会議の中で、習近平が表明した「一帯一路計画の今後の建設目標」は、極めて壮大なものであり、注目に値する。

習は、「一帯一路」計画において五つの道を示した。すなわち①「平和の道」、②「繁栄の道」、③「開放の道」、④「革新の道」、⑤「文明の道」を建設していくとした上で、多数の事業計画[*49]の実行を約束したのである。

また、事業計画のコストのほとんどが「米ドルではなく人民元」で提起されていることも注目に値する。中国はロシアと共に、米ドルが世界唯一の基軸通貨であり続けている現実に反発してきたが、今回、改めて大規模事業のコストを中国の人民元で示すことにより、これからの世界を動かしていくのはチャイナマネーであり、人民元も世界の基軸通貨の一極をなすべきだという主張をあらためて強調したのだろう。

同会議でプーチン大統領は一番の賓客として扱われ、スピーチも習近平国家主席の次に設けられた。プーチンはその場を利用してEAEUと一帯一路の類似点を強調し、中露の計画は相互補完関係にあるとした上で、これらのメガプロジェクトに代表されるユーラシア統合を「未来に向けた文明的プロジェクト」だと述べた。

ロシアはロシアで一帯一路との連携をさらに進め、ポジティブな成果を出す必要に迫られていた。特に、二〇一四年後半からの原油安や対露経済制裁によって、ロシアのみならず、ロシアと深い経済関係を持つ旧ソ連諸国の多くも経済的ダメージを受けていることは、プーチンが中国との連携を深めようとする重要な背景であると言えよう。たとえば、EAEUの域内貿易額が、一六年には一四年と比して三〇％も減少したことは、その一例である。

旧ソ連諸国の経済パフォーマンスに期待できず、EAEU加盟国の間でも失望感が広がっている状況では、勢いは衰えたとはいえ、まだまだ力がある中国経済による好影響を期待するほかなく、また巨大経済圏構想の可能性を見せつけることで、大国としての存在感も示すことができるのである。

†連携の裏のロシアの本音

このように中露双方がメリットを感じていた同会議の期間中、両国間の大型プロジェクト*50が多数成立した。中露間関係のプロジェクトは、地域発展を目指すものやエネルギー関連の協力強化が主軸となっており、規模も大きいのだが、両国のメガプロジェクトの連携に関し、ロシアの期待が裏切られているのもまた事実だ。

プーチンは中露のメガプロジェクトの連携が有益であると国内外にたびたび訴え続けてきたが、実際のところ、プーチンが本気でそのように信じているとは考えづらい面がある。逆に、プロジェクトが芳しい成果を出していないからこそ、その成果を華々しく喧伝し、国民からの支持を得ると同時に、国際的にも軽侮されないように予防線を張っているのではないかとすら感じられる。メガプロジェクトの連携を高く評価するプーチン発言の背景には、むしろ、連携からの恩恵が少ない現実に関する自分への批判をかわしたいという思惑もあると思われる。ロシア側が一帯一路に期待していたものと実態はかけ離れており、プーチンをはじめとした当局やオリガルヒ（財閥）の懐疑心は強まっていると言われる。

ただ、中露両国にとって、メガプロジェクトの「連携」は連携以上でも以下でもない。連携のレベルが明示されているわけではないが、たとえば中露が共に勢力圏と考えている中央アジアでは、ロシアが政治・軍事、中国が経済を牛耳り、それ以上相手の利益を侵害しないことが暗黙の了解となっていた。ただし、その棲み分けの基準は極めて曖昧であり、ロシアの「許容度」次第ともいえそうだ。

そもそもロシアのEAEUと中国の一帯一路は衝突するのか、という議論もある。二つは同床異夢の似て非なるもので、衝突しようがないという意見だ。確かに、対象地域はかなり競合するが、そもそもレベルの違う構想であるのは事実だ。ロシアのEAEUは主権国家を主体とした明確な目標を持ったもので、国家間の条約に基づいて構築されていく双方向の計画である。それに対し、中国の一帯一路は地域を大雑把に捉える曖昧な計画で、相手国との事業ベースの個別契約はあり得るが、国家間の条約に基づくものではなく、一方的なアプローチも可能な漠然としたものである。

ただ、どちらも地域インフラや経済基盤を整備するという点では共通している。インフラなどは一度形成されれば、中露はもとより、関係する諸アクターはすべてそれを利用することができる。つまり、ユーラシアの中心部において誰にとっても利益となる新たな経済発展地域が形成されれば、中露双方にとって有益であり、両国が「連携」をポジティブに捉えるのは自然なことと思われる。

それでも、ロシアは中央アジアで、たとえ基準が曖昧だとはいえ「政治・軍事はロシア、経済は中国」という分業体制が崩れることは避けたい。しかし現状では、軍事的な部分でも中国が進出しつつあり、ロシアは苛立ちを隠せないのである。

連携という言葉で美しくまとめているが、本来ロシアの影響圏を侵害する中国の構想は、ロシアにとって決して喜ばしいものではない。ウクライナ危機後の対露制裁、国際的な孤立、原油価格の低下やルーブル下落で経済状況も厳しい中で、中国に対して強気の態度に出られないというのが、ロシアの本音だろう。そのため国内外に対して、「一帯一路構想がロシアの利益になる」という言説を強調しつつ、中国の出方を見守るしかないのが実情だ。中国の「ジュニア・パートナー」(弟分、格下)に甘んじることだけは、是が非でも避けたいという思いは強い。

†ロシアのバランサーとしての日本

さまざまな思惑といろいろな矛盾が絡み合う中露のメガプロジェクトの共存共栄が成功するためには何が必要なのだろうか。五つの鍵があると思われる。

第一に、ロシア経済の盛り返しと中国経済の減退の停止である。二〇一四年以降、ロシア経済は厳しい状況にあるが、国際協調の結果とはいえ原油価格が若干回復したこと、ロシアが制裁下での経済生活に慣れてきたこと(国内産業の振興や新規の輸出入先の開拓などで新たに生まれた経済状況に適応してきたこと)などから、ロシア経済の今後には若干明るい材料が見えてきた。

ロシア経済の状況が悪いと、周辺国の経済も打撃を受ける傾向があり、ひいてはユーラシアの経済パフォーマンスにも悪影響となるため、ロシア経済復活は極めて重要な鍵となる。

他方、中国経済の成長鈍化により、ロシアが当初期待していたものと、投資をはじめとした中国の経済活動は乖離しているのが実情である。その結果、中露が鳴り物入りで合意した「シベリアの力」の建設も予定通りに進んでいない。これらのことから、中露両国の経済パフォーマンスが改善すれば、メガプロジェクトの共存共栄が期待できるだろう。

第二に、ロシアの「相対化戦略」の展望である。相対化戦略とは、ロシアが中国以外の第三国との戦略的関係を強化して、中国のジュニア・パートナーになり下がらないように外交バランスを保つ戦略である。天秤が片方に傾いてしまった場合に、第三国というおもりを加えて、平衡を保とうとする戦略だと言えば分かりやすいだろうか。第三国の候補としては、アジア地域のできるだけ強力なパートナーが望ましく、インド、イラン、ベトナム、韓国、日本などがあげられる。このような国々と連携することで、中国が仮にロシアを凌駕する存在になっても、格下になるのを避けることができると考えられていた。ロシアの国力が著しく下がったこともあり、ウクライナ危機以後、ロシアはアジア・太平洋方面で「中国優先主義」を採るようになり、「相対化戦略」は影をひそめているが、ロシアの国力が復調すれば、本戦略が再びフォーカスされる可能性は十分ある。

なお、ロシアにとって、相対化戦略を採るのであれば、日本は中国との相対化を図る相手として極めて都合がいい国だと言える。日本は経済力も技術力もあり、隣国かつ島国であるため戦略的にも利用しやすい位置にある。また、中国は中国で、対日政策でロシアとタッグを組みたい立場にあるため、そこでロシアがあえて中国の思い通りにならず、良好な日露関係を見せつけられる状況は、ロシアにとって中国に取り込まれないための安全弁ともなるのだ。ロシアからみれば、日露関係は経済だけでなく、中国ファクターとも絡んでおり、また北方領土問題で譲歩の姿勢を見せない理由の背景にも、領土保全の観点や対米関係（特に、米軍基地が北方領土に設置されることを何としても防止したい）のみならず、対中配慮も大きな位置を占めているると言えるのである。

†中国のバランサーとしてのカザフスタン

五つの鍵の第三は、カザフスタンの今後の動向である。ユーラシアの中心に広大な領土を有するカザフスタンは戦略的意義が高い国であり、中露双方がパートナーとして重視している。

カザフスタンはロシアに長い国境で接し、旧ソ連諸国の中でも特に緊密な盟友関係にあって、ロシアが主導するすべての国際機関・グループ・プロジェクトに参加してきた。だが、二〇一五年に入って、ロシア経済の悪化がカザフスタンの経済にも波及したことで、両国間に初めて緊張関係が生まれたのは事実だ。ロシアのルーブル下落を受け、カザフスタンが対露禁輸政策をとると、ロシアも対抗措置をとったために貿易戦争の様相を呈し、ユーラシア経済同盟に暗雲が漂った。近年、親欧米志向が強まってきたのも前述の通りだ。

習主席と握手するカザフスタンのナザルバエフ大統領（左、2017年５月15日、北京。写真提供：共同）

他方、中国もカザフスタンと国境を接しており、国境をまたぐように両国に在住するウイグル民族問題などで早い時期から協力関係にある。特に、中国はウイグル民族に対する圧政を続けており、カザフスタンがストッパーとして機能してくれることを強く望み、またカザフスタンもそれに応えてきた。先述のように、中央アジアと中国を結ぶパイプラインが開通したことにより、エネルギー貿易が活性化されただけでなく、全般的な通商関係も極めて緊密になった。

加えて、カザフスタンとロシアの関係もまた、中国にとってカザフスタンが戦略的に重要となる大きな要因だと言える。それを象徴的に示すのが、二〇一三年九月に、習近平が「シルクロード経済ベルト構想」をカザフスタンで発表したことであった。中国がカザフスタンを、一帯一路計画のキーパートナーとみなしていることは明らかだ。一五年五月の対独戦勝記念パレードのために訪露した習近平が、ロシアに入国する直前にカザフスタンをサプライズ訪問[*51]するなど、中国はその戦略的意義をかなり重視している。

カザフスタンはコーカサス地方とトルコを経由する複合一貫輸送回廊「シルクの風」の陣頭指揮も執っており（カンナ 二〇一七）、カザフスタンの重要性はますます高まりそうだ。

中露両国にとって、カザフスタンへの影響力を確保しておく戦略的意義は高い。だからこそ、カザフスタンがしっかりとしたバランサーであることこそが、中露関係維持に欠かせないのである。実際、合理的な実利主義を追求するカザフスタンは絶妙なバランス外交を展開してきた。有数の天然資源保有国であることに加え、ソ連解体後一貫して権力の座にあって、権威主義的な統治を続けているヌルスルタン・ナザルバエフ大統領の手腕のゆえ、といわれているが、ナザルバエフは既に七八歳（二〇一八年七月六日時点）の高齢である。

ナザルバエフの死後、すなわち「ポスト・ナザルバエフ」の時代が近づいているということは、数年前から囁かれている。ソ連解体後にナザルバエフと同様にウズベキスタンの政権トップに君臨し、権威主義体制を維持し続けたイスラム・カリモフ大統領が一六年九月に七八歳で亡くなったことは、ポスト・ナザルバエフ時代到来の危機感をよりリアルに感じさせることになった。ナザルバエフ亡き後のカザフスタン指導者が中露間でバランス外交を維持できるかどうかについて、強い懸念が持たれている。

†中国に失望したロシア

四つめの鍵は、中露双方が「連携」にメリットを感じ続けられるかということである。より現状に即して言えば、中露のどちらかが連携にメリットを感じなくなってしまう状況を回避できるかどうか、ということかもしれない。

ロシアが中国との連携に失望を強めているのは事実だ。まず、中国の経済減退で、ロシアが想定していたような投資や経済活動がユーラシアで行われていないことは、ロシアを大いに苛立たせている。

特に、ロシアの失望感を強めているのが、前述「北京―モスクワ」間の高速鉄道計画の展開である。一帯一路とユーラシア経済連合の連携を象徴するプロジェクトとして発足した同計画は、モスクワと北京を結ぶ高速鉄道の基礎となるとされ、最初の了解覚書では、シベリア地域を通るとされていた。しかし、のちに鉄道ルートはロシアのほとんどの地域を通過せず、カザフスタンの首都アスタナから新疆を通過して、所要時間が三分の二になるように変更されたのである。中露協力のモデル計画とされたプロジェクトの結果がこのような惨憺たるものであることは、ロシアにとって大きな痛手であった。

また、中国と欧州を結ぶインフラの多くはロシアをまったく通らない。たとえば、先述の「バクー・トビリシ・カルス（ＢＴＫ）鉄道」も中国には大きなメリットがある一方、ロシアは陸運の利益を得られないのだ。

そもそも陸路よりも海路での運輸の方が五〇％以上安価である。所要時間は陸路の方が海路より早いとはいえ、時間を競うならば空路とは比較にならない。そのため急ぐものは空路、時間がかかってよいなら海路が選択される傾向が強く、経済合理性の観点から、中国・欧州間の貨物輸送で陸路経由が占める割合は一％以下とも言われる。

しかも、鉄道の線路の規格がユーラシア全体で統一されていないことから、すべてを陸路で輸送しようとした場合、数回の荷物の積み替えが必要となる。荷物の積み替えには、時間も人件費もかかり、コストを引き上げてしまう。

これらのことから、陸路での運輸はそもそも不人気であり、ロシアが「陸上シルクロード」計画から得られる利益はほとんどない。だが、中国としては、鉄道のシルクロードの「実体」を作り出さなければ、陸上シルクロードを成功させられないため、鉄道輸送に補助金を付けてでも陸上シルクロードが成功しているかのような印象作りに腐心しているというのだ。

†ロシアの関与は低下するか

実際、一帯一路構想は達成指標がないので、中国は軽微なものや、実は関連がないものも含めたあらゆる結果を一帯一路の成果として喧伝している。そのことからロシアには、一帯一路そのものの意味に疑問を持つ研究者もいる。一帯一路自体が大した成果を上げていないのだから、ユーラシア経済連合との連携でもよい成果が出ないのは当たり前だという議論である。

確かに、一帯一路の経済パフォーマンスはロシアにとって決して良いとはいえない。たとえば、中国の投資家は融資するプロジェクトをかなり選り好みして決めるため、実際の融資額は期待を下回っている。二〇一六年には、一帯一路関係の投資額は三年ぶりに減少した。中国の投資家からすると、ロシアが提案するプロジェクトは魅力的ではなく、対露投資のパフォーマンスが悪くなるのは当然の結果であった。そのため、ロシアの専門家の中には、ロシア主導のユーラシア経済連合は素晴らしいが、中国が自国の利益のみを考慮する行動をとるために、連携においてはロシアの実入りが小さいのだ、という議論を提示するものも出てきた。

ただし、二〇一七年五月に中国が開催した一帯一路の国際会議後、関連国への投資や中国企業による合併・買収が顕著に増加しているのも事実であり、その勢いは関係国に警戒感すらもたらしているという。[*52]

同会議で、習近平は中国が一万二四〇〇億ドルを支出すると約束したが、参加国の中には、中国が、地域発展よりも影響力拡大を企図しているのではないかという疑念を持った国も少なくなかったという。諸外国からの中国企業の買収や合併は二〇一七年八月時点の前年同月比で四二%も減少しており、中国政府による資本・債券の管理と規制、人民元据え置きの政策などが行われているため、疑念はいっそう強いものとなった。*53

ロシアでは、一帯一路の恩恵を受けていないという主張の方が優勢である。ロシアが不満を高めていったとしても、中国との連携を完全に解消してしまうことは考えにくいが、ロシアの関与のレベルが今後低下していく可能性は否めない。

†揺らぐ中央アジアでの棲み分け

第五の鍵は、中国の一帯一路に関わる動きが、ロシアの勢力圏を「侵害しすぎないこと」である。中国が経済的に台頭してくるまではロシアが政治・経済・軍事などすべての分野での影響力を独占的に維持してきた中央アジア諸国が、ロシアより中国との関係を深めるということは、ロシアにとって許容しがたい問題だ。特に、独占してきた中央アジアの石油・天然ガスの権益を中国と争わねばならなくなったことは、ロシアにとって大きな打撃であった。

それでもウクライナ危機後、ロシアは巨大な中国経済に勝ち目がないことを自覚し、経済分野については中国が支配権を持っていくことを容認した。つまり、ロシアも中国も中央アジアを勢力圏とするが、ロシアは政治・軍事分野で、中国は経済分野で影響力を行使するよう棲み分けることにしたのである。この棲み分けはかなりうまくいっていたのも事実である。

だが、最近、中国の中央アジアへの影響力行使は経済分野を明らかに超えており、ロシアの権益を明らかに侵害し始めている。

前出の二〇一七年の一帯一路の国際会議でも、中国と中央アジアの関係強化は顕著に見られた。習主席はカザフスタン、キルギスタン、ウズベキスタンの各国首脳と会談し、中央アジア諸国との関係強化を強調した。たとえば、カザフスタンのヌルスルタン・ナザルバエフ大統領は、カザフスタン鉄道が中国との国境にあるホルゴスの輸送拠点の四九%を譲り受けるという合意に調印した。これはカザフスタンが重要物流拠点として高い戦略性を持つと見なされるようになったことの証左である。ホルゴスの国際自由貿易区における中・カザフ協力は国際的にも注目されており、一帯一路構想のお手本とまで称される。ただし、物流は活発だが、中国の租税回避地になっていると主張するものも多く、ロシアのＥＡＥＵによる無税での輸入制限（月間五〇キログラム）や中国側のカザフスタンからの食品輸入禁止策もネックだという。

一方、ウズベキスタンのシャフカト・ミルジヨエフ大統領も、中国との経済関係の強化を強く求めており、会談では最大二〇〇億ドルの協力協定も締結した。

近年、中国とウズベキスタンの関係緊密化は特に顕著で、二〇一七年のウズベキスタンの貿易は、中国がその二〇・二%を占め、それまで首位を保っていたロシア（一七年は二位で一七・五%）を抜いた。もともと、ウズベキスタンは二〇〇五年に中央アジアで初めて、中国の教育・文化普及機関である「孔子学院」が設立された国だ。現在ではタシュケントに加え、サマルカンドにも「孔子学院」が設立されており、中国の影響力は経済のみならず、文化的にも浸透している。

中国は、ウズベキスタン東部のフェルガナ盆地と残りのウズベキスタンを結ぶ唯一の鉄道に対して、共同出資することを約束した。その鉄道が完成した現在、中国は戦略的に一億七五〇〇万ドル相当の高速道路プロジェクトにも取り組んでいる。だが、ウズベキスタンはロシアにとっても重要な勢力圏のパーツであり、その鉄道網は中露がともに重視するインフラだ。ロシアは、軍事面での関係緊密化を目指すものの、近年では中国の影響力の方が明らかに目立っているのも事実である。

ロシアのグランドストラテジーが影響圏維持であることは既に述べたが、中国の一帯一路も単なる経済プロジェクトではないことを先に見た。つまり、中露が想定する影響圏の重複によって、相互の利益が害される状況が見てとれる。だが、前述のように、中央アジアにおいて経済、政治・軍事という部門ごとに影響力行使の棲み分けをすることで、その重複の矛盾を乗り越えようとした。ロシアの経済が低迷する中では、むしろそれが共存共栄につながる合理的な判断なはずだった。

だが、中国の動きは、ロシアの目論見を大きく覆すものとなっていると言えそうだ。インフラ整備は戦略的な意味合いを色濃く持つため、中国の政治的な影響力も高まるのは必然であった。さらに、中国の中央アジアにおける軍事的な影響力の拡大も確実に進んでいる。

ロシアと中国は、棲み分けという前提つきで、メガプロジェクトの連携を約束していたが、中国がその前提を崩し始めており、ロシアの大国意識を刺激している。ロシアの勢力圏を中国があまりに侵害してしまえば、中露の連携に悪影響が出る可能性も高まるであろう。

一帯一路とユーラシア経済連合の連携への期待は高いとはいえ、実際にはあまり良い結果が出ておらず、また、地域覇権を維持したいロシアにとっては中国の勢力拡張は決して望ましくない状況があり、両国の連携が成立するためには、高い障壁がある。

とはいえ、現時点でもなお、中露の棲み分けができているという見解もあるし、棲み分けの基準が曖昧であるが故に、そもそも判断できないという意見もある。実際、ロシア当局が中国の中央アジアでの動きについて何かを明言しているわけでもない。ロシアの中国に対する真意については不明瞭な部分も多く、ロシアが中国の影響力拡大を嫌悪している証拠もないのも事実だ。米国への対抗軸という揺るがない共通利益を持っていることを背景に、中露関係が緊密であることは間違いないとはいえ、両国の連携は、ロシアの期待に応えていない中国という図式、ロシアの勢力圏に迫る中国の影響力など、緊張材料も多く、両国の関係を単純に捉えることはできないのである。

†北極利権で先行するロシア

近年、地球温暖化により、世界の環境に多くの影響が出ているが、北極圏は最も大きな影響を受けている地域だと言ってよい。北極海では、海氷の減少など、さまざまな異変が如実に現れており、またそのことが動植物や先住民にとって大きな脅威になっているだけでなく、資源や輸送路の争奪戦といった新たな国際間摩擦の火種にもなっているのである。

その中で特に目立つ動きを見せてきたのがロシアだ。ロシアは北極海の巨大な沿岸国であり、また北極圏八カ国が主導する国際機構である「北極評議会（AC）」の一員でもあることから、ロシアが北極圏において存在感を示すのは当たり前だ。だが近年、世界の多くの国が北極圏に関心を示すようになっており、ACでのオブザーバー資格を目指すなど、北極圏を巡る政治プロセスへの参入を活発化させている。北極圏外のプレイヤーで一番派手な動きをしているのが中国である。

まず、北極海の状況を確認しておこう。地球温暖化による海氷の融解と水の膨張により、北極海では海水面の上昇が続いている。[*54] しかも、南極特有の現象とされてきたオゾンホールも北極で観測されるようになった。

北極海の海氷は、一年単位で融解と氷結を繰り返しており、北半球の夏の季節に最も面積が小さくなるが、特に二〇〇三年以降、海氷の減少が顕著になっている。[*55] 一三年にスウェーデンのストックホルムで開かれたIPCC（気候変動に関する政府間パネル）の第一作業部会の総会でも、温暖化の問題が深刻視された。会議では「二一世紀半ばの夏には、海氷のない北極海となる可能性が高い」など、世界全般の海氷の減少、海水面の上昇、海洋の酸性化など多くのネガティブな可能性が指摘された。二〇一七年九月の米国航空宇宙局（NASA）の発表によれば、北極海の氷は現在一〇年当たり一三・二％の割合で減少しているという。

実際、海氷の減少によって、国際的な利害関係に大きな変化が生じている。

第一に、北極海航路の利用が容易になったということがある。北極海航路とは、ベーリング海峡とロシア沿岸の北極海を通り、東アジアと欧州北部を最短距離で結ぶ航路である。かつて、ソ連は軍事上の理由からも北極海航路を積極的に開発したが、ソ連解体後の混乱で当地の軍事基地も一九九三年に閉鎖され、同航路は衰退してしまっていた。現在は、国連海洋法条約に基づき、ロシアが安全や環境保護の観点から航行許可を出している。さらに、ロシアは同航路を通るすべての船舶に航行の事前申請や船員の氷解航行経験の要求、ロシアの砕氷船によるエスコート、環境保護と安全確保のための通航料徴収、損害賠償などを義務付けている。

このように、北極海航路は事実上、ロシアのコントロール下にあったが、温暖化で世界の注目を浴びるようになった。大陸沿岸の海氷後退により、カナダ北部の多島海を通る北西航路と、シベリア沿岸の北方航路の両方が開通する期間が長くなり、開通する幅も広くなった。開通期間は夏場の約四カ月に限られ、その期間も砕氷船の支援が必要であるが、北極海航路を利用することで、航路がかなり短縮できるのである。時間や燃料を中心とした諸コストを削減でき、多くのメリットが享受できる。[*56] そして、このルートこそが、中国の一帯一路計画における一極、すなわち「氷上シルクロード」なのである。

北方航路を巡る利権の争奪戦は加熱し始めている。実際、北極海航路を航行する船舶数は年々増加しており、国際海事機関によると、二〇一〇年は四隻だったが、一一年に三四隻、一二年は四六隻という具合だ。一七年八月には、ロシアのLNGタンカーが砕氷船なしに北極海航路を通ってノルウェーから韓国にたった一九日間で到達する偉業も成し遂げた。ただし、筆者が行ったロシア人研究者へのインタビューによれば、ほとんどの時期において砕氷船が必要なこともあり、まだまだ商業的に採算が合わず、現実的になるのに三〇年はかかるのではないかとのことであった。だが逆に言えば、三〇年経てば、かなり確実な経済的利益が見込めるということでもある。気象学者らは、二〇五〇年までには冬も利用できる航路が最低でも一本は開通すると計算している。

第二に、北極圏には世界の未発見原油の一〇%、天然ガスの三〇%、さらにニッケル、コバルト、金、ダイヤモンドなど豊富な天然資源や鉱物が眠っていると言われる。北極海の海氷が融解すれば、これら天然資源の採取が可能となる。そのため、大陸棚の領有権を巡る争奪戦も激しさを増してきているが、そこでもロシアの動きが目立つ。

ロシアは二〇〇海里の排他的経済水域を越える北極海の中央部の海底が、自国の大陸棚であると主張する申請書を二〇〇一年に国連の大陸棚限界委員会に提出した。この際、オホーツク海（北方領土問題と関わる）、ベーリング海、バレンツ海についても同様の申請をした。データ不足や関係諸国との調整の必要ありとのことですべて却下されたが、その後もロシアは大陸棚の獲得に躍起になってきた。海底が陸地からの延長である大陸棚と認められれば、海底の資源の研究権や開発権が確保できるため、ロシアが躍起になるのも当然だといえる。

〇七年八月には、計六人を乗せたロシアの小型潜水艇ミール号が北極点周辺の海底に到達し、ロボットアームで土壌採取などの探査を行なった他、深さ約四三〇〇メートルの海底にさびにくいチタン製のロシア国旗を立てた。その旗は、国際法上、何の意味も持たないが、ロシアの資源開発権の主張の大きなシンボルだとして受け取められた。また、北極点付近の海底に有人潜水艇が到達するのは世界史上初であった。[*57] さらに、一二年には深海ボーリングが行なわれ、探査用のロシア海軍の潜水艦が約二キロの深さに潜り、試料の採取場所を特定し、ボーリング用装置によって採取したという。

その後もロシアは研究を続け、ラブロフ外相は一五年八月に、再度、以前に不足しているとされた「科学的根拠」のデータも整えて、同国の海岸線から六五〇キロメートル沖の北極海の大陸棚までの一二〇万平方キロメートルを、ロシアの領海とする提案書を大陸棚限界委員会に提出した。なお、国連がその申請を受理した場合、ロシアの領土に豊かな天然資源を持つ領域が加わることになるが、まだ結果は出ていない。[*58] それでも、プーチンも北極圏がロシアの未来に極めて重要だと主張し、ロシアの北極圏に対する熱意は高まる一方だ。

このようなロシアの動きは関係国から大きな反発を引き起こしている。

北極圏を巡る国際組織や関係国等を表2に整理した。表2に記載したアクター以外にも、小規模な北極関連の組織やグループがさまざまな形で存在していることも付記しておく。

多くのアクターが関わる北極圏のガバナンスに、地球温暖化は多くの課題をもたらすことになった。ロシアの北極海の大陸棚獲得を目指す動きは関係国から大きな反発を引き起こしているが、とりわけ強くロシアに対抗しているのがデンマークやカナダであり、それぞれ、北極海の海底は自国の沿岸と地質学的に地続きだと主張している。ロシアとカナダは、お互いに存在感を高めるため、軍事的な示威行動までをもたびたび行なってきた。

†中国が狙う「北のシルクロード」とは

北極海をめぐるプレイヤーは沿岸国にとどまらない。北極には、領有権主張を凍結した「南極条約」のような条約が未だ存在せず、また沿岸国も排他的ではないため、世界各国がより大きな権益を求めて争いを熾烈化させる余地が大いにある。だからこそ北極圏関連の組織に多くの非沿岸国がオブザーバー参加しているのである。実際、日本も資源獲得に強い関心を持っているし、何より目立つのが中国の動きだ。

中国は、北極航路を一帯一路の一つをなす「氷上シルクロード」として「隊商」用ルートにしたいと考えているという。そもそも中国の北極戦略の根底には、「北のシルクロード」*59という コンセプトがあるとされる。曰く、「北極航路を制するものは、新たな世界貿易の路を制する」ことになる。二〇一七年一月には、中国が北極圏のインフラを発展、資源の発掘、北極海航路での船舶の運航のすべてについて、主要アクターになる宣言も行い、内外に中国の関与をアピールしつつ、実際に関与を強化している。

中国は一九九〇年代から北極海への関心を高め、九五年に科学者・ジャーナリスト合同探検隊が北極圏に到達してから、氷量、気候、環境調査を続けている。二〇〇四年七月には、ノルウェーのスヴァールバル諸島（後述）に北極研究所「黄河」も開設し、中国の北極調査の拠点

筆者作成

オブザーバー	概要
	2008年に「イルリサット宣言（Ilulissat Declaration）」を採択し、「北極海には既存の国際法の枠組みが適用され、北極海のための新たな法的枠組みの策定は必要ない」ということで一致。北極圏ガバナンスの基盤に
(1)政府間・地域間・議員間組織9団体、(2)非北極圏諸国12カ国（フランス、ドイツ、ポーランド、スペイン、オランダ、英国、日本、中国、インド、イタリア、韓国、シンガポール）、(3)NGO11団体　。門戸は広く開かれている	北極圏の最も重要な組織。前身は、北極圏の環境保護を目的として、1991年にフィンランドが主導して設立された「北極圏環境保護戦略」。96年にカナダが主導し、「オタワ宣言」に基づき、北極圏諸国8カ国によって設立されたハイレベルの政府間協議体。北極圏に関わる持続可能な開発、環境保護等の共通の課題に関し、先住民社会等の関与を得つつ、北極圏諸国間の協力・調和・交流を促進することを目的とする。各種決定は加盟国のコンセンサスによる
カナダ、フランス、ドイツ、イタリア、日本、オランダ、ポーランド、英国、米国	ノルウェーが主導して1993年に設立（本部・キルケネス）。バレンツ地域に関する問題について、各国が協力するためのフォーラム。フロンティア地域協力体への拡大を目指し、バレンツ地域の様々な組織の活動との相乗効果で活発かつ有益な活動を多面的かつ多数行う。先住民や少数民族の権利も高く尊重。
バレンツ地域のキリスト教評議会、ロシア北西部議会連合	BEACとも連携しつつ、地域間協力を推進する評議会
	北欧地域の発展を目指す政治的フォーラムの評議会。北極について、先住民や住民の社会文化の発展、持続可能な資源、環境保護などに取り組む
	地方自治体レベルの枠組みで、北極圏を中心に寒冷地の経済・環境等の問題解決のために協力する組織
	1990年設立。北極域に領土を持つ地域と北極研究に従事している国々により、北極域および全球的な科学研究の強力な研究推進体制を目的とした組織。北極評議会のオブザーバー

表2　北極圏をめぐる主要アクター

組織名	加盟国	常時参加者
北極海沿岸国（Arctic 5）	ノルウェー、デンマーク、ロシア、カナダ、米国	
北極評議会（AC）	カナダ、デンマーク（グリーンランド及びフェロー諸島を含む）、フィンランド、アイスランド、ノルウェー、スウェーデン、ロシア、米国（加盟国は固定）	アリュート国際協会、北極圏アサバスカ評議会、グイッチン国際評議会、イヌイット極域評議会、ロシア北方民族協会、サーミ評議会（先住民族を尊重。オタワ宣言により、上限は7団体）
バレンツ・ユーロ北極評議会（BEAC: Barents Euro-Arctic Council）	フィンランド、アイスランド、スウェーデン、ノルウェー、デンマーク、ロシア、EU	
バレンツ地域評議会（Barents Regional Council）	バレンツ地域4カ国の行政地域（フィンランドの3地域、ノルウェーの3地域、スウェーデンの2地域、ロシアの5地域）	
北欧評議会（NC: Nordic Council）	フィンランド、アイスランド、スウェーデン、ノルウェー、デンマーク	
北方圏フォーラム（The Northern Forum）	アイスランド、ロシア、カナダ、米国、中国、韓国、日本から17団体が参加	
国際北極科学委員会（IASC: International Arctic Science Committee）	オーストリア、カナダ、中国、チェコ、デンマーク、グリーンランド、フィンランド、フランス、ドイツ、アイスランド、イタリア、インド、日本、オランダ、ノルウェー、ポーランド、ポルトガル、韓国、ロシア、スペイン、スウェーデン、スイス、英国、米国	

としてきた。[60] 中国の最大の関心は資源にあり、科学調査の実態は資源調査だとも言われている が同時に、新航路の開発も進めているという。

中国は北極海圏内に領土がないにもかかわらず、「北極圏近郊諸国」の地位を主張し、北極評議会（AC）に長年非公式に参加してきた。そして、スウェーデンでの二〇一三年AC会合（五月一四〜一五日、キルナ市）で、常任オブザーバー入りを果たしてからは活動をさらに活発化している。

この際、日本も含め北極圏に含まれない六カ国が同時に常任オブザーバーの資格を得たが、その背景には、沿岸国が「手に負えない、ならず者（特に中国が想定されていると考えられる）に心配させられるより、仲間に引き入れて動きを把握できるようにしたほうが良い」と判断したこともあったという。なお、筆者は二〇一六、一七年にフィンランドとノルウェーで北極関係者にさまざまなインタビューを行ったが、中国の活動に関し、ネガティブなコメントを聞いたことは一度もなかった。中国は大きな経済効果を北極圏にもたらしてくれる協力者として歓迎されているようであった。[61]

中国は、北極圏の資源のみならず、北極海航路にも既に手を延ばしている。中国は、ロシア沖の北極海を横断して欧州に到達する新たな商船ルートの開拓を進め、二〇一二年八月にはウクライナから購入した砕氷船「雪龍」で北極海での試験航行を成功させた。しかも、この際、一般原則通りロシアの砕氷船のエスコートを受け、アイスランドに到達したものの、帰路は北極点付近を通過し、ロシアのエスコートを受けずに単独で帰還したのである。このことは、中国の砕氷船が独自で航行できたことを意味する。加えて、帰路はロシアが領海意識を強く持っているオホーツク海を通過した。この中国の行動は、ロシアの勢力圏が脅かされているという警戒心をさらに強めたとも言われている。

†米国も警戒する中国の北極圏進出

中国の北極圏における行動については、いろいろな憶測がなされており、ロシアの影響を受けない最短ルートを探しているという説、海底資源を探査しようとしているのではないかという説、また北極海は冷戦時代に潜水艦の活動が顕著だった地域でもあり、中国が軍事目的で北極海の地質や水温などのデータ収集をしようとしているという説などがあるが、経済的(資源の獲得、海運の時間と燃料コスト削減)および戦略的(多面的な影響力拡大)モチベーションが背景にあることはまちがいなく、いずれにせよロシアにとっては脅威だといえる。

二〇一二年一二月七日には、中国の強引なアプローチが奏功し、中国海洋石油総公司(CNOOC)がカナダのエネルギー企業ネクセンを一五一億ドルで買収する計画をカナダ政府が承認した。この買収については、カナダの権益が中国に奪われることを警戒するカナダ保守党から強い反発もあったが、政府の承認を得たことで、中国は北極圏のビジネスにおいて大きな地歩を築いたと言える。

さらに中国は、二〇一三年の八～九月にかけて、初の商業的な北極海航行を成功させた。[*62] 北極海航路は、従来のスエズ運河経由の航路に比して、航行日数を約四五～四八日から約二週間も短縮できるという利点があり、中国側は、同国が陸のみならず海をも制覇していく近年の政策目的達成にとっても重要な意味を持つとして高く評価している。加えて、ロシアのドミトリー・ロゴジン副首相の「北極海にソマリアの海賊はいない」という発言も、北極海航路の魅力を再確認させる契機になったという。二〇二〇年までには中国商船の五～一五％が北極海航路を利用するようになるという試算もあるほどだ。これまでも中国のエネルギー需要の七〇％近くが海経由で輸入されていたことからしても、北極海航路の商業利用が可能になった場合の中国の受益の大きさは計り知れない。中国は北極圏での活動を活性化するためにさらに砕氷船の獲得を進めつつ、様々な関連資材を購入し続けている。

また中国は、沿岸国への接近を介して、北極圏でのより大きな可能性を開拓する動きにも余念がない。北極評議会（ＡＣ）オブザーバーとして、北極圏での動きにさまざまな制約が出ることもあり、北極海航路で中継拠点としての意味も持つＡＣ正規加盟国のアイスランドに接近、二〇一四年四月には中国にとって欧州初の自由貿易協定（ＦＴＡ）をアイスランドと締結する。

アイスランドは、新たな国際機関「北極圏」の創設を一三年四月一五日に発表したが、この動きの黒幕は中国だとされている。

中国の活発な動きはさらに軍事的な様相もみせている。

たとえば、二〇一五年九月二日には、中国海軍の艦艇五隻[*63]が、米アラスカ州沖のベーリング海の公海上を航行していることを米国政府が確認した。中国艦隊がベーリング海において活動していることが公に確認されたのは初めてであった。中露両国の海軍は八月下旬にロシア・ウラジオストク沖の日本海で海上合同軍事演習を実施していたのだが、それに参加した戦艦の一部がアリューシャン列島を抜けベーリング海に入ったとみられている。

中国艦隊は特に脅威を及ぼすような活動をしておらず、その意図は不明であるが、バラク・オバマ米大統領（当時）が、気候変動が北極圏に及ぼす影響などを訴えるために、同年八月三一日から九月二日までアラスカ州に滞在していたことから、中国艦隊のベーリング海出現は、オバマのアラスカ訪問と無関係ではなく、北極圏開発で米国を牽制する狙いがあったという見方もある。ベーリング海は北極海海域の玄関口であり、米国も中国の動きに神経質になってきている。

また、二〇一六年、中国の鉱山会社がグリーンランド[*64]のすでに使われていない海軍基地を購入しようとしたが、デンマーク政府によって入札が阻止されるということが起きた。デンマークの防衛関係者は、入札阻止はデンマークのNATOの義務と米国との安全保障上の関係によるものだと述べているものの、デンマーク政府は公式発表をせず、微妙に問題を処理した。だが、こっそりなきものとされたこのプロセスは、もし実現していれば欧州にとっても大きな問題になっていたかもしれない。なぜなら、グリーンランドはデンマークからの独立を目指してきた経緯があり、経済や防衛の問題で、欧州のネットワークから自立できる素地ができれば、独立運動が一気に進む可能性があるからだ。

実際、近年、温暖化によりグリーンランドの資源が採掘可能になると、石油と鉱物資源の開発ラッシュが始まり、多くの中国人も押し寄せているとのことで、「温暖化で独立が買える」という気運も高まっているという。グリーンランドの北部には、米軍のチューレ空軍基地もあり、もしグリーンランドの海軍基地を中国が取得していれば、グリーンランドの軍事的ポジションが大きく変わっていた可能性があったのである。

ノッティンガム大学の中国政策研究所ジチャン・ルル（Jichang Lulu）は、「グリーンランドの独立気運はさらに高まっており、グリーンランド州政府は、島が経済的に自立する唯一の方法は、中国の投資によって鉱山ブームが起こることだと考えている」と主張する。このように中国の動きは、欧州の地図を変える可能性すらあるのである。なお、中国の鉱山会社は、グリーンランドのみならず、カナダの北極圏でも活発な活動を行ってきた。

中国の北極圏への進出はさらなる多様化を続けている。二〇一七年には、習近平がアラスカを電撃訪問するなど、中国の北極圏全体を射程に置いた外交攻勢は勢いを増すばかりだ。

特に目立ったのが二〇一七年から一九年に北極評議会の議長国を務めるフィンランドでの活動であった。習近平が一七年四月にフィンランドを訪問し、それは中国首脳による二二年ぶりの北欧訪問となった。一一月には、中国と北欧を結ぶ鉄道としては初の「中国・フィンランド鉄のシルクロード」、すなわちフィンランド南東部のコウヴォラからロシアとカザフスタンを経由して西安に到達する九一一〇キロメートルを結ぶ鉄道が開通した。中国とフィンランドは、中国の二隻目の砕氷船を一九年までに共同で建造することにも合意した。フィンランドの砕氷技術は極めて優れている。なお、習近平はパンダ外交も展開し、一八年一月に、二頭のパンダ「金宝宝《ジンバオバオ》」と「華豹《ファーバオ》」がフィンランドに到着し、両国の代表団に迎えられた後、首都ヘルシンキから北に三二五キロのアフタリ動物園で二月から公開が始まり、人気者になっている。

また中国は、中国と欧州を結ぶ高速デジタル網の計画をフィンランド、ノルウェー、ロシア、日本に呼び掛け進めている。一万五〇〇〇キロの北極圏を横断する光ファイバーを早ければ二〇二〇年までに構築する計画だという。

そして、中国企業のアリババ・グループ（阿里巴巴集団）が北極圏に進出した結果、北極圏やその周辺のあらゆる地が中国人観光客でいっぱいになってきている。中国が多面的に影響力を伸ばしていることは、北極圏の人々がリアルに感じていることなのである。

†権益保持へロシアが動く

他方、ロシアも本気で北海圏の権益を保持するための対策を強化しつつある。二〇一二年九月には、ロシアの軍・政治指導部が、北極海のノバヤゼムリャ諸島にある元核実験場の防衛措置を強化し、防空軍部隊と全天候型航空機を配備する他、群島周辺の海域には北方艦隊の艦船が戦闘態勢を敷くことが報じられた。

ロシア国営原子力企業のロスアトムは、核兵器の信頼性と安全性を判定するため、同地で核兵器の臨界前核実験を再開する可能性があることもほのめかした。[*65] ロシアの核兵器の約七〇%は旧式だとされており、使用期限を引き延ばすために実験の必要性が高まっているのも事実である。また、非核爆発実験は開発を進めている新型核兵器の性能を調べる上でも重要である。そのため、実験基地であるノバヤゼムリャは確実な防衛態勢下に置かれる必要があり、同地のロガチョボ飛行場に迎撃戦闘機ミグ31の編隊が配備されることとなった。

これらは、ノバヤゼムリャ防衛のみを意味しない。北方攻撃からロシア国境を守るだけでなく、もちろん北極海防衛の意味も持っている。ソ連時代およびソ連解体後も一九九三年までは、同飛行場に迎撃機が配備され、空から核実験場を防衛する任務を果たしていたが、その機能が復活されることとなったのである。

二〇一二年から、北極海では部隊の戦闘訓練と関係した措置が再開された。*66 訓練は、七〇〇〇人超の人員、潜水艦を含め二〇隻以上の艦船、三〇機ほどの戦闘機、一五〇台の戦闘車輌が参加するという大規模なものとなった。

また、同年一二月二〇日には、プーチン大統領が「我々は砕氷船団を増強する。これは最も重要な動脈（北極海航路）を発展させるという真剣な意思表明だ」と記者会見で発表し、ロシアの権益を守るために北極海航路の開発と新砕氷船建造を進める意思を表明した。ロシアは六隻前後の原子力砕氷船を保有し、北極海を通る船のエスコートや北極圏開発などに運用しているが、すべてソ連時代に建造または計画された船であるため老朽化が進んでいる。

そこで、北極海航路での船舶増加や資源開発の進展を睨み、新たに三隻が造船されることとなり、すでに二隻が建造された。一隻目は二〇一六年六月に進水した「アルクチカ」である（一九年に完成予定）。そして二隻目は一七年九月二二日に進水式が行われた原子力砕氷船「シビーリ」*67 である。シビーリは、出力六〇メガワットの原子炉を二基搭載しており、厚さ四メートルの海氷も割ることができ、海だけでなく河川でも稼働可能で、最大七万トンのタンカーを先導できる。同船は北極圏ムルマンスク港を拠点として活動することが予定されているが、ロシアの北極圏での指導的な地位を確実にし、北極海航路の有用性を世界に知らしめるものとなるとロシア国内で期待されている。

†北極圏の軍拡を進めるロシア

二〇一三年二月、プーチン大統領は、ロシアの北極海の権益が他国に脅かされていると発表し、軍事的対応を強化することを示唆した。それを受けて、北極海航路の巡視が強化された。同年九月一六日にプーチンは、ソ連時代に建設されたものの、ソ連解体後に閉鎖していた北極海ノボシビルスク諸島の軍事基地を二〇年ぶりに復活させ、軍隊を常駐させる方針を発表し、九月一二日に軍艦一〇隻が同地に到着したことを明らかにした。

一度閉鎖した軍基地を再開させる理由として、プーチンは、同地の重要性が再び増したことを強調した上で、北極海航路の安全と作業効率を保証し、ロシアの領海であるこの一帯を効果的に開発・管理する重要性を掲げ、そのために、地質学者や気象専門家と共同作業を行なうことも強調した。空港の整備も進められ、軍用機も発着できるようになった。[*68]

二〇一五年八月には、北方艦隊艦船支隊の北極圏航海が行われた（一一年以来四回目）が、北極圏自動車化歩兵旅団の人員と車輌が初参加したことが注目される。航海の間、コテリヌイ島や他の北極圏地域への海洋揚陸部隊の上陸と車輌の陸揚げが行われ、旅団の将兵は一連の戦闘射撃演習にも参加した。この北極圏航海の目的として重要だったのが、高緯度で遭難したという想定下での船の捜索救助支援および援助のための訓練であった。なお、北極圏諸国にとって急務となっている救助対策では、ロシアが一番進んでいると言われている。*69

さらにロシア軍は北極軍強化の一環として、二〇一五年一二月八日までに、北極圏に防空ミサイル「S400」二連隊をノバヤゼムリャ諸島およびサハ共和国に配備した。同時に、連隊の近接防衛のために、パンツィル（高射砲・短距離ミサイルの複合装置）搭載車輛も配備されたという。海浜への上陸攻撃を防ぐために、ノバヤゼムリャ諸島に沿岸防衛ミサイル「バスティオン」の一大隊が配備された。沿岸防衛ミサイル、防空ミサイルおよびパンツィルの部隊が、他の北極圏諸島およびロシアの北極圏本土の一部地域で警戒態勢についている。

コラ半島、ノバヤゼムリャ諸島からアナディルを経て、東はシュミット岬に至る北極海ルートに沿って、航空機管制所、レーダーおよび宇宙監視部隊の基地が開設されており、そのすべてが警戒態勢下にあるとも指摘されている。なお、NATOでのコードネームは「グロウラー」である。

二〇一五年一月には、シーレーン防衛政策の要のひとつとして、フィンランドからわずか五〇キロに位置するムルマンスク地方の海軍施設（世界最北の不凍港）の拡張も発表されていた。

図4の「北極圏のロシア空・海軍基地」を見れば明らかなように、ロシアの北極圏における軍事化や軍事施設の増加は紛れもない事実である。実際の軍拡レベルは警戒するほどのもので

図4　北極圏のロシア空・海軍基地

はないという評価もあるが、注意すべきなのは、ロシアの北極圏における軍備の強化は、ウクライナ危機による国際関係の緊張によって急に行われたものではないということだろう。それが二〇一三年ごろから特に顕著に進められていることから考えても、ロシアの長期的な戦略の一部であることは間違いない。

さらに二〇一六年には、スヴァールバル諸島をターゲットとした新たな軍拡の試みも見られた。スヴァールバル諸島とは、北極圏に位置するノルウェー領の群島だが、有人島はスピッツベルゲン島だけである。かつてこの地はノルウェー、ロシア、米国などの間で領有権が争われたが、同島の扱いについて合意した一九二〇年のスヴァールバル条約をもってして確固たるノルウェー領となった。スヴァールバル条約は、領有権をノルウェーに認めつつも、条約加盟国はすべて同等の権利で経済活動が行われるとしている他、同諸島を非武装地帯としてすべての軍事活動を禁じている。

条約加盟国（現在、四六カ国）の国民はビザなしで入国・居住が可能で、税金は島内で使われることも決められているが、現状では経済活動を行っているのはノルウェーとロシアだけである。そのような中、二〇一六年、チェチェン特別部隊がスヴァールバル諸島で軍事演習を行ったのである。これは、ロシア連邦ではなく、ロシアを構成するチェチェン共和国にその責任を負わせるための巧妙な策であったと言えるが、実際にはこのような行動にクレムリンの関与がないことはありえず、明らかにノルウェーに対する挑発であったと考えられる。

ノルウェー政府は、この演習を受け、スヴァールバル諸島でのすべての軍事行動が禁止されているということを主張し、外交ルートを通じてことを荒立てずに演習をやめさせたが、ロシアの行動に不安感が広がったのは間違いなかった。

†ロシアが北極圏の環境対策

ロシアの北極圏における中国との協力関係について、別の視点から確認しておこう。

表3　北極圏での主な露エネルギープロジェクト　筆者作成

時期	場所	主体	概要
2013年12月	プリラズロムナヤ（ペチョラ海大陸棚の石油掘削基地。ロシア初の北極圏鉱床）	ガスプロム・ネフチ	石油採掘（それ以前は炭化水素の産業採掘）
2014年4月	同上	同上	14年4月に新油種アルコ（Arctic Oil）を積載したタンカー（載貨重量7万トン）が初めて出港。14年には30万トンにのぼる原油が生産され、主に北西ヨーロッパに輸送された
2014年8月	カラ海の油井「ウニベルシチェツカヤ1」	ロスネフチ	総埋蔵量は石油1億3000万トン、ガス5000億立方メートルで、原油の質も極めて良好な有望油井。提携している米国の「エクソンモービル」社と探査採掘を行ったが、その後、制裁により提携は縮小し、生産段階に至っていない
2014年11月	プリラズロムナヤ近くのドルギンスコエ油田	ガスプロム・ネフチ	ベトナムの「ペトロベトナム」と連携して開発を進めている同油田の油井の試験を実施
2015年	プリラズロムナヤ（ペチョラ海大陸棚の石油掘削基地。ロシア初の北極圏鉱床）	同上	石油採掘量を2倍に拡大するために、さらに4つの油井掘削に着手
2015年1月	バレンツ海およびペチョラ海	同上	大陸棚のライセンス区域二カ所での新たな地下埋蔵物使用権を取得。2カ所の合計埋蔵量は石油2億4500万トン、ガス2兆立方メートル強とされる

ウクライナ危機による制裁と原油価格の下落により、二〇一四年末にはロシア経済はかなり停滞していた。翌一五年の原油価格（一バレルあたり約五〇ドル）での生産は経済的に妥当ではないにもかかわらず、ロシアは液化天然ガス開発で中国と協力するとともに、独自に多くの動きを見せた。

たとえば、ロシアは北極圏の環境問題の対策でも主導権を取ろうとしている。二〇一三年九月二五日、ロシア北部サレハルドで開かれた北極に関する国際会議「北極―対話の領域」でのプーチン大統領による演説を見てみよう。

プーチンは、「北極開発の優先課題と重要な原則は自然保護であるべきだ」と指摘して、北極圏の環境保全策を強化する方針を発表した。つまり、北極海航路やエネルギーの開発といった経済活動、軍事活動、環境保全をすべて成立させていく意思を明らかにしたのである。北極圏の自然保護の具体策としては、北極圏ロシア領の約六％に相当する約三二万平方キロの自然保護区を数倍に広げることや、希少生物の保護などの計画が明らかにされ、政府予算から汚染対策としてすでに約四五億円が拠出されていることも強調した。

ここまで北極圏におけるロシアの活発な動きを見てきたが、少なくとも米国はかなり警戒している。たとえば、米国のジェームズ・コリンズ元駐露大使は、①北極圏でのロシア軍の増強は挑発的

②米露を含めた周辺諸国は、北極海の公海における漁業の禁止では合意できており、海上保安当局間会議では海難救助における協力強化も進めるべき
③砕氷船が不足することが懸念されており、この面でも協調が必要
④ロシア軍の動きは問題で、北極評議会傘下の国防担当者間会議で話し合われるべき
⑤米国は国連海洋法条約を批准しないと、北極評議会の他の参加国と同等の基盤に立てないため、早期に対応し米国のプレゼンスを確保する

などの問題提起をしている。

†北極圏での中露協力のゆくえ

北極圏問題における中露関係の具体例をまとめよう。北極に進出する中国、自国の権益を守りたいロシアという構図はあるが、連携は確実に深化している。

まず地政学的な観点から見れば、北極海は中露が敵視する米国と中露が存在するユーラシアとの境に位置する。そのことから、中露にとって北極海を制することが地政学的な戦略上、いかに重要かは明らかだ。

エネルギー問題については、シベリアのヤマロ・ネネツ自治管区にあるヤマル半島のＬＮＧを開発、輸出するうえでも中露が協力を深めつつある。中国は中東から輸入するよりはるかに

安く、安全にロシアからＬＮＧを確保できる。ロシアも、ウクライナ問題を巡る欧米の対露制裁の対象となっている技術や設備を中国から入手できるかもしれないという利点を持ち、両国関係は双方にとって有益である。

ヤマル半島の掘削作業の主体はヤマルＬＮＧ社であり、ロシアの独立系天然ガス会社ノバテクが六〇％、仏トタル社と中国石油天然気集団公司（ＣＮＰＣ）が二〇％ずつを出資している。二〇一五年四月時点で、ガス井二〇八のうち二八が掘削されており、同年内に四五％のＬＮＧ加工工場の建設が終わった。すべての建設が終わると、最大で年一六五〇万トンの天然ガス（日本が一年で消費する天然ガス量の約六分の一）が生産される予定となっており、そのうち八割は世界初の砕氷ＬＮＧ船を使ってアジアに輸送されることになっている。

また、中露は共同で中国東北部の吉林省に隣接するロシア極東地域のザルビノの港を、北東アジア最大規模の港湾に拡大することで合意した（二〇一四年九月）。ザルビノの港の貨物取扱量は、拡張前は年間一二〇万トンであるが、最大年六〇〇〇万トン扱える規模にするという。主に中国の資本が投入されており、一八年内に完成するとされる。当面はロシアからの石油や食品を中国や東南アジアに輸出するために使われる予定だが、将来的には中国の船が太平洋や北極海航路に進出する際にも利用されることになっており、それを見越して中国の吉林省から同港へ繋がる高速道路も建設することが決まっている。[*70]

ザルビノは中ソ対立が先鋭化していた一九六〇年代には最も緊張が高まった地であったが、ロシアの対アジア貿易、中国の北極海進出という相互の利益を満たすかたちでの連携が目指されることになった。中露蜜月の象徴的な果実と評価されている。

そして、二〇一七年から北極海航路は、一帯一路における、第一のルート「陸上シルクロード経済ベルト」、第二のルート「二一世紀海上シルクロード」に続く第三のルート「氷上シルクロード」として、中露で共同開発していくことが約束された。

氷上シルクロードが中露の新たな協力対象となったきっかけは、二〇一七年五月に北京で開催された一帯一路に関する国際会議で、プーチンが「一帯一路と北極海航路の連結」を提案したことである。ロシアのメドヴェージェフ首相が中国を訪問した際（同年一〇月三一日から一一月二日）に、習近平は「ロシアと共同で北極海航路の開発・利用協力を推進し、氷上シルクロードをつくり上げなければならない」と強調し、中国が実質的に動き出したことを明らかにしていた。*71

そして、二〇一八年一月二六日に中国政府は北極政策をまとめた初の白書『中国の北極政策』を発表した。地球温暖化により、北極の開発がしやすくなった中で、中国が天然資源や新航路の開発と利用を進める姿勢を打ち出したのである。一七年からロシアとともに掲げてきたように、一帯一路構想とからめて、北極航路を「氷上シルクロード」として、ロシアと協力しつつ整備していく意欲も強調した。
「中国の北極政策」の主な内容は以下の通りである。
・中国は陸上で最も北極圏に近い国の一つで「北極近隣国家」である。
・中国の資金、技術、市場は北極航路の開拓や沿岸国の発展に重要な役割を果たす。
・中国は関係国と「氷上シルクロード」を建設し、北極地域の持続可能な発展を促す。
・北極の環境、気象、生態などの科学調査を強化。北極の環境を保護し、気候変動に対応する。
・北極航路の開発利用、石油や天然ガスの開発、漁業資源の保護利用に関与する。
・自然を生かした観光開発を促進する。
・国連憲章や国連海洋法条約を堅持しながら、北極統治メカニズムの整備を提唱する。
なお、「中国の北極政策」を発表する際、孔鉉佑・外交部長助理は、「中国は北極圏の国々の主権を尊重する。中国が資源を奪い、環境を壊すという懸念が一部にあるが、無用な心配だ」と述べ、自国は北極圏に領土や領海を持っていない中、北極圏諸国に対する配慮を見せつつも、白書からは中国が広い分野で北極圏に深くからみ、国際ルールづくりでも主導的役割を果たしていくという強い意志を表明した。

それでも、「氷上シルクロード」での協力には紆余曲折も予想される。北極圏もやはり、ロシアにとっては重要な影響圏の一つであり、資金難に苦しむロシアとしては中国の財政的な協力を得たい一方、中国のプレゼンスが高まることには強い警戒感があるからだ。

北極圏問題は、世界規模でも大きな争点となりつつある。中露関係を見てゆく上でも大きなキーワードとなっていくだろう。

第四章　ウクライナ危機と中露のジレンマ

†ロシアの孤立に手を差し伸べる中国

ウクライナ危機は三つの段階を経て展開してきた。

第一の危機は、二〇一三年一一月にウクライナの当時の大統領ヴィクトル・ヤヌコーヴィチがEUとの連合協定への調印を取りやめたことを契機に、国民の政治への不満が爆発し、首都・キエフの独立広場で抗議行動が展開されたいわゆる「ユーロマイダン危機」であり、翌一四年二月に武力化した。

ヤヌコーヴィチがロシアに亡命したことでそれは終結したが、ほぼ同時に、第二の危機が発

プーチン大統領と握手する当時のウクライナ大統領ヤヌコーヴィチ（右、2013年12月17日、モスクワ。写真提供：ロイター＝共同）

生した。ロシアがウクライナ領であったクリミアに特殊部隊を展開させ、一四年三月一八日にクリミアを併合したのである。そして、第三の危機であるウクライナ東部のドネツク、ルガンスク（ルハンシク）両州の「独立宣言」と両州による「ノヴォロシア人民共和国連邦」結成の宣言、そしてロシアも事実上参戦する戦闘（ロシアは関与を否定）に発展していくことになる。東部の騒乱は、一五年二月の停戦合意[*72]が一応成立しているものの、二〇一八年現在まだ不安定な状況は続き、決して停戦と言える状況ではない。

第二の危機以後、欧米諸国はロシアを批判し、ロシアに対する経済制裁を発動、段階的に強化してきた。一四年七月のマレーシア航空機撃墜事件以後は、対露制裁がロシア経済の根幹であるエネルギーや金融分野にも及ぶようになった。さらに石油の価格が下落したことにより、ロシアは経済的にかなり追い込まれていった。世界の中で孤立し、経済的にも困難な状態であったロシアの救世主が中国であったと言える。中国は政治的にはロシアを全面的に支援しているわけではないが、限定的な支持でもロシアにとってはありがたく、また経済関係の強化は極めて重要な意味を持つ。

たとえば、ロシアがクリミアを併合したことに関し、中国は明示的に肯定も否定もしていない。国連でその賛否をめぐる決議がなされたときも中国は棄権し、意思表明をしない状況を貫く一方、対露制裁については「制裁はまったく意味がない」とたびたび公言し、欧米の政策を批判して、非常に限定的ながらロシアを支持してきた。

ロシアからすれば、たとえ限定的でも中国の支持は極めて重要であり、中国に頭が上がらないのが実情だ。そのような背景のなかで、二〇一四年から一五年にかけて、中露間で多くの動きがあった。

中露蜜月は本当か？——二〇一四年プーチン訪中の事例

ウクライナ危機後の中露関係は「蜜月関係」としばしば称され、「準同盟」関係とすら言われている。だが、それほど簡単なものではない。以下に外観しておこう。

まず特筆すべきなのは長年もめていた天然ガス供給契約の合意が二〇一四年のプーチン訪中

時に成立したことであろう。これはロシアが中国に屈した結果だとマスコミなどで報じられることが多いが、痛み分けと考えたほうが良さそうである。また、中露蜜月の象徴とされるそのプーチン訪中をとってみても、両国間に微妙な雰囲気が漂っていた。

同年五月二一日、プーチン訪中時の中露首脳会談で天然ガス供与の問題がなんとか妥結したものの、ロシアは不本意ながら、欧州向けのガス価格（一〇〇〇立方メートルあたり約三八〇ドル程度）より低価格で大量の天然ガスを、中国に提供せざるを得なかったと言われている。確たる金額は明らかにされていないものの、中国向けのガス価格は欧州向けよりも一割程度安価な、一〇〇〇立方メートル三五〇ドル程度とみられている。だが、その根拠は四〇〇〇億ドル・年間三八〇億立方メートルとされる契約額・量を三〇年という契約年で単純に割り算した金額であり、当初の供給量は少なくなることから、その計算式は成り立たない。つまり販売額はEUと同等なのではないかという説もある。

他方、妥結の翌日（二一日）には、中露首脳が共にアジア信頼醸成措置会議に出席し、アジアにおける米国抜きの安全保障体制「上海宣言」を提唱したが、成果はなかったといってよい。

さらに、両国は戦勝七〇周年行事を二〇一五年に行うことで合意し、実際、華々しく行われたが、それは戦勝六五周年の際にも行われたことであって、特段新しいものではない。つまり、今後の中露関係を見据えて、協力が可能な事例が特に見当たらないため、歴史のなかで共通項を見つけるしかなかったと考えられるのである。

しかも戦勝七〇周年行事をとってみても、中露の「対象」が異なっていることに注目すべきだろう。中国が日本を対象にしているのに対し、ロシアの対象はドイツであるため、共に祝うというのも無理があるのである。とはいえ、その背後に「対米国」があり、中露が共に領土問題を抱える米国の同盟国「対日本」という共通項があると考えれば、合同で祝勝することにも合理性が見られるとも言える。

このプーチン訪中の際には、東シナ海での初の両国海軍による合同軍事演習が行われ、プーチン大統領と習国家主席が共に開幕式に出席した。合同軍事演習は、東シナ海における初めての実施という点では意義があるが、十数隻の艦艇が参加したといっても、規模は大きくなく、二〇〇五年に一万人を動員して行った演習の方が大規模であった。東シナ海での合同軍事演習の目的は、中露の良好な関係を日本に見せつけるためのアピールであったと考えたほうが自然である。しかも、中露の軍事協力の進展が芳しくない状況において、何らかの形で中露軍事協力の成果を示す必要があった中での苦肉の策ともいえる。

†戦闘機の違法コピーによる対中不信

なぜ中露の軍事協力の状況が芳しくないかというと、演習よりももっと重要かつ最大のプライオリティが置かれていた武器の商談がまとまらなかったからである。

中国がずっと求めてきたロシアの戦闘機Su－35（スホイ35）やラーダ級潜水艦のロシアによる売却については二〇一四年という、ロシアがウクライナ問題で逆境に立たされた時ですら成立しなかった。しかも、それらの商談は一二年末に政府間で基本合意に達していたにもかかわらず、そこで止まってしまっているのである。

中露間で結ばれた基本合意では、四八機のスホイ35を四〇億ドルで売却することになっているが、その際に、ロシアは中国がリバースエンジニアリングによる機体のコピーを行わないように法的な拘束力を付加することを求めている。だが、中国はそれに対してネガティブな姿勢を貫いていた。ロシアとしては、中国に輸出したほぼすべての戦闘機がコピーされ、コピーが輸出市場でロシアを圧迫してきたことから、対中警戒心はどうしてもぬぐえない。過去にスホイ27SKのライセンス契約で中国にやられたように、[*73] 仮に四八機のスホイ35を都合したとしても、最初の数機を調達したところで中国がコピーに成功し、取引打ち切りという暴挙に出る可能性も捨てきれないのだ。

安価でシンプルな中国製戦闘機は、すでにロシア製戦闘機の輸出市場にダメージを与えており、その過去の苦い経験から、ロシアはなんとしてもコピー防止の法的拘束力など、何らかの対策の礎が欲しかった（「ミリタリー・ニュース」『軍事研究』二〇一二年八月号）。

外国に武器を供与するときには、その性能をある程度落とし、自国の脅威にならないようにするのが常であるが、中国の場合は、コピーという別の脅威がある。だからこそ、ロシアは供与する性能のレベルを相当慎重に検討しているはずなのだが、まさにその問題がネックとなって中国と合意できない可能性が高い。加えて、中国とウクライナの軍事協力が深化していたことも、ロシアにとっては警戒すべき事であったはずである。

†ウクライナ関係による対中不信

ウクライナと中国は、ヴィクトル・ヤヌコーヴィチ大統領時代に「中国ウクライナ友好協力条約」を締結している。その中に、もしウクライナが核の脅威に直面した場合には、中国が相応の安全保障を提供するという条項があると言われている。ウクライナが核の脅威に直面するのは、具体的にはロシアからの核攻撃の脅威だと読み替えて差し支えない。だとすれば、その条項は、ロシアがウクライナに核兵器を使用すると、中国がロシアに核兵器で反撃するという約束だとも言える。

そもそも核の問題にウクライナはとてもセンシティブである。なぜなら、ソ連時代、ウクライナはれっきとした核保有国であった。だが、一九九四年にウクライナは、核兵器を放棄するのと引換えに、ロシア、米国、英国などがウクライナの安全を保障する「ブダペスト覚書」を締結していた。そのためロシアとの緊張が高まると、国民の間で核放棄への後悔の念が広がった。特に、ウクライナ危機の際に、ロシアの武力介入で困窮させられたウクライナ国民からは、「核兵器を放棄すべきではなかった」という議論が少なからず出た。

ウクライナ人の怒りは、ロシアのみならず欧米諸国にも向けられている。ロシアに安全を侵害されたら、欧米は覚書に従い、ウクライナを守るべきだ、とウクライナ側は主張しているのである。そういう意味では、中国による核の傘は、ウクライナにとっても、ロシアにとっても非常に大きな意味を持つ。つまり、ウクライナにとっては保護してくれる傘であるが、ロシアにとっては反撃の杖なのだ。実際の攻撃可能性は極めて薄いとはいえ、ロシアにとって不快なものであることは間違いない。

このことは、ロシアがNATOやEU拡大、ミサイル防衛（MD）システム構想などで感じてきた「西側」からの勢力圏侵害の脅威が、「東側」、つまり中国からもおよびつつあることを意味する。となれば、中国に対する武器供与の問題がロシアにとってさらにセンシティブになるのは当然の流れだろう。だが、中国との蜜月を演ずることもまた、ロシアにとっては有利である。本心では中国を警戒しながらも、良好な関係を対外的に見せつけることは、欧米に対する牽制となるからである。

†ロシアの戦勝七〇周年記念日

二〇一五年五月九日、クリミア編入の興奮からまだ冷めやらぬロシアのモスクワでは、対独戦勝七〇周年を記念する式典・軍事パレードが開かれた。多くの旧ソ連諸国では、第二次世界大戦の一部となる対独戦は「大祖国戦争」と呼ばれてきたが、この名称が最初に使用されたのは、初代・ソ連共産党書記長ヨシフ・スターリンがラジオで国民に対して同戦争についての演説を行った一九四一年七月三日のことだ。大祖国戦争とは、四一年六月二二日からドイツが降伏文書に調印する四五年五月九日（中欧時間では五月八日）までの、ソ連とナチス・ドイツの戦争を指す。対独戦では甚大な犠牲が出たが、その厳しい戦いに勝利したことは、ソ連の人々の大きな誇りとなってきた。以後、毎年戦勝記念日が高らかに祝われて、犠牲となった民を悼むとともに、国威を発揚させてきた。

ウクライナ危機で軍事の重要性がさらに高まるとともに、欧米との関係も厳しくなっているなかで開かれた、二〇一五年の戦勝記念日。七〇周年という節目ということもあり、ひときわ重要な意味を持った。モスクワの人々の高揚感は極めて強く、「ゲオルギーリボン」[*74]を身につける者、配布する者も極めて多かったという。最新兵器などが総出演となった史上最大規模のパレードで軍事力を世界に示すとともに、友好的な諸国、特に中国との良好な関係も世界に見せつけることとなった。

一方、ウクライナ危機の影響で、一〇年前の式典とはまったく異なり、日欧米のほとんどの首脳が欠席したり、代理を送ったりという対応となった。ロシアの国際的孤立が再認識されただけでなく、旧東欧圏のみならず旧ソ連圏でもロシアの式典から一線を画す動きが目立った。たとえば、ゲオルギーリボンについても変化が見られ、かつて旧ソ連の他の諸国でも愛されていたが、ロシア離れや各国のナショナリズムの高まりなどを背景に、リボンの使用を差し控えたり、自分たちのオリジナルのものを作成したりする諸国の様子が、二〇一五年から特に目立つようになってきた。

欧米首脳が式典に欠席することはロシアにとっては想定内だったが、他方で注目されたのが中国および北朝鮮の首脳の出席であった。だが、確実視されていた北朝鮮の金正恩《キムジョンウン》第一書記の欠席が四月三〇日に発表されことは、ロシアにとっても世界にとっても驚愕を持って受け止められた。金正恩は関係を深めていたロシアを最高指導者として初の外遊先に選ぶ、との見解も出ていたし、北朝鮮は多くの使節を送って、金訪露の準備を周到に進めているように見えていたからだ。

中露間のバランスにおいて、北朝鮮が「式典参加をもってロシアを選んだ」ことを示すのだろうというような予測すらあったため、金正恩欠席が発表されると、さまざまな憶測が流れた。

欠席の理由については、公には「国内事情」と説明されており、それにも一定の説明力はある。金正恩は国内政治の統制にまだ成功しておらず、身内を含む粛清も相次いでいる中、留守の間にクーデターが起きることを強く危惧していたというのだ。一方、対中関係のバランスに配慮して訪露を取りやめたという説も有力だ。ロシアに大規模経済援助や外交上の特別扱いを求めたが拒否されたためという説まであり、明確な理由は明らかになっていない。

結局、北朝鮮から第一書記の代理として、金永南《キムヨンナム》最高人民会議常任委員長が式典に出席することとなった。金永南は、朝鮮労働党序列二位で、対外的には国家元首の役割を担ってきた重鎮である。また、五月六日には、平壌のロシア大使館で、プーチン大統領名義で、北朝鮮の抗日闘士七人に、対独戦勝七〇周年の記念メダルを授与する式典も行われた。両国は植民地支配からの解放・対独戦勝でそれぞれ七〇年の節目を迎える二〇一五年を「親善の年」と定めており、これらの動きは、親善の一環であるとともに、金正恩の式典欠席の穴埋めを、北朝鮮とロシア双方が必死にしようとしていたように見える。

†カザフスタンに近づく中国

金正恩の想定外の欠席により、中国の動きはロシアにとってより重要になったのだが、ロシアは中国の習近平国家主席のしたたかさによって、不愉快な展開に直面することとなった。習にとって金正恩の欠席は、自身の出席の価値を高めるうえで好都合だった。加えて、習は前述のように訪露に先駆けて、五月七日に中央アジアのカザフスタンを電撃訪問していたのだった。

中国がロシアの勢力圏、とりわけ中央アジアへの影響力を拡大し、中国と中央アジア諸国の関係が深化することは許しがたいことである。中央アジアの中でも、ロシアはカザフスタンを特に重視していた。繰り返しとなるが、カザフスタンは、ロシアが主導する重要な同盟にすべて参加するなど、ロシアにとって盟友的存在であったが、ウクライナ危機をめぐって両国関係に軋みが生じる。対露制裁でロシアの経済が逼迫すると、カザフスタンもその余波を被ることとなり、結果、ロシアとの通商を制限するようになった。ロシアもカザフスタンに対抗措置を取ったため、ロシアとカザフスタンの間で「貿易戦争」が勃発したとまで報じられた。盟友だったはずの両国は、ウクライナ危機後、緊張関係に陥った。そんな中での、しかも予定になかった習の突然のカザフスタン訪問は、ロシアにとって極めて不快で由々しいことだった。

カザフスタンのヌルスルタン・ナザルバエフ大統領と習国家主席は「一帯一路」の中枢となるインフラや物流についての議論、シルクロード経済ベルト構想の具体的意見交換を行ったほか、習はAIIBへの参加を真っ先に表明したカザフスタンに謝意を表明したという。

なお、習はモスクワでの対独戦勝七〇周年の記念式典終了後、やはりロシアにとって盟友ながら、ウクライナ危機をめぐる経済問題で関係に亀裂が入りつつあったベラルーシにも訪問した。相次ぐロシアの勢力圏、しかも「盟友」に足を踏み入れる中国の動きはロシアにとっては明らかに面白くなかった。

ちなみに、三国歴訪への出発に先立ち、習はロシア・メディアに「中露両国民は第二次世界大戦の歴史を否定したり歪曲したりするたくらみや行動に断固として反対する」と強調する文書を送った。それは、戦後七〇年談話を発表する予定を控えた安倍晋三首相への牽制だったと考えられている。

†中露の蜜月は演技か

対独戦勝七〇周年記念式典には、六八の国や国際機関に招待状が送付されたものの、結局、欧米主要国や日本、韓国などは欠席し、出席は二〇カ国程度となった。六〇周年の際には、日本を含む五三カ国が参加したことを考えれば、ロシアの国際的立場の悪化は明白である。しかも、この出欠は国際政治における友敵関係を如実に示していた。招待側のプーチン自身も世界を友敵関係で俯瞰し、出欠状況にある意味納得していたことは間違いないだろう。

主要国の欠席が相次いだ中、主賓として式典に華を飾ったのは、当然ながら習近平であった。「中露はファシズムと日本の軍国主義に勝利した」という歴史認識を共有し、多極的な新しい世界秩序を目指す上でも共闘しているとして、その関係の深さをアピールした。加えて、キューバの故フィデル・カストロ国家評議会議長、中央アジアの首脳らが脇を固めた。その布陣は、いわゆる米国の一極的世界に反対し、東西選択において、ロシアを選択した国であり、ロシアが友好国と考えている国である。

式典においてプーチンは「共に戦った米英仏国民らに感謝する」と述べる一方、軍事ブロックによらない世界の安全保障体制構築を訴え、NATOの東方拡大を牽制した。

習は旧日本軍との戦争で「三五〇〇万人の死傷者」を出しながら「中国による不撓不屈の戦いにより、日本侵略者の大量な兵力を消滅させた」と主張し、大戦における多大な貢献をアピールするとともに、中露（ソ）は大戦中に援助や戦闘で協力しあった「鮮血で固めた戦友」だと述べ、今後のさらなる関係強化の意欲を示した。

なお、プーチン・習両首脳は式典前日の八日に会談し、共に第二次世界大戦の戦勝国として、歴史の歪曲を許さないという立場を再確認したほか、ロシアが主導する「ユーラシア経済同盟」と、中国が陸と海に新たなシルクロードをつくる「一帯一路」構想を連携して進めることでも一致した。この両首脳の連携の表明は、その後のユーラシアにおける中露の協力関係の重要な指針となった。

式典に伴う軍事パレードは極めて大規模に行われた。ロシア軍の砲塔が無人化された最新鋭戦車T‐14アルマータや新型大陸間弾道ミサイル（ICBM）ヤルスなど、最新兵器を含む一九四台の戦車やミサイルなどの兵器、一四三機の航空機、そして一万六五〇〇人以上のロシア将兵が参加した他、中国の陸海空の各軍から選び抜かれた儀仗隊一一二人も参加したのである。インドなど、外国の軍の参加は他にもあったが、中国の精鋭部隊はひときわ異彩を放った。パレードは、国内外に核を含めた軍事力を誇示して「大国ロシア」をアピールする意義があったが、中国軍の参加によりパレードに華が添えられただけでなく、中露の蜜月関係を改めて見せつける効果も持ったのである。パレードに続き、五〇万人以上の市民が市内約四キロを行進し、プーチンも戦争に参加した父親の遺影をもって行進に加わった。ウクライナ情勢などで厳しい状況の中、国民の結束を図る狙いがあったとみられる。

なお、ロシア海軍が黒海で行った式典にも、中国の軍艦が二隻参加し、中露両海軍はその後、五月一一〜二一日に地中海で演習も行った。同年九月には、中国が「抗日戦争勝利記念日」に初めての軍事パレードを行ったが、そこにはロシア軍の部隊も参加したのである。

このように、二〇一五年の中露両国の戦勝記念日は、両国の精神的、戦略的、歴史的関係の緊密さを内外にアピールすることとなったのであった。

なお、最近の国際事情でも、ロシアと中国は歩みをともにしていた。それまでもコソヴォや旧ユーゴスラヴィア問題で中露は欧米のスタンスを批判し、異なる道を選んできたが、最近でも、シリア問題など激動の中東情勢に対する政策で、中露と欧米の間に大きな亀裂があった。

中露はお互いを戦略的パートナーとして認め合い、特にロシアはアジアでのパートナーとして日本ではなく中国を選んだ。だが、その一方で、ロシアが地域的、および国際的に影響力を増している中国に対して警戒心を強めているのも事実である。特にロシアの「近い外国」である中央アジアへの中国の進出には不快感を隠さない。

近年、中国の中央アジアにおける影響力の増大は目覚ましく、パイプラインを建設し、エネルギー貿易も盛んになっている他、さまざまな経済関係を深化させている。中でもカザフスタンとウズベキスタンでの中国の影響力の拡大は特筆に価する。また、SCOサミットでも中露の主導権争いが顕著になっているだけでなく、BRICS会合でも同様の状況が見られるようになってきた。加えて、軍事面でもロシアは中国の伸張を警戒して共同演習はしても、中国への武器や兵器の供与や技術供与は極力避けてきたし、[*75]近年のユーラシアや北極海をめぐる勢力圏争いでも中露はライバル関係にある。そして、二〇一四年にようやく妥結したとはいえ、中露間では天然ガスの価格問題の交渉も長年難航し、お互いの意見対立が先鋭化していた。

†ウクライナから軍事技術を得る中国

ウクライナ危機はロシア、中国双方の軍事戦略にも影響を与えた。ウクライナ東部は重工業地帯として有名であったが、軍需産業も大きな位置を占めてきた。ソ連時代の名残もあり、ロシアの軍需産業もウクライナからの輸入に依存してきた部分が少なくない。たとえば、プロトン大型ロケットの誘導システムやICBMのメンテナンス、ヘリコプター・艦船用エンジン、R－27空対空ミサイル、その他の部品などはウクライナにかなりの程度依存してきた。だが、ロシアによるクリミア編入、それに続くロシアの関与が非難されてきた東部ウクライナの危機により、ウクライナは軍需産業部門の協力を停止したので、ロシアはそれらの輸入ができなくなった。ロシアはそれらウクライナから輸入してきたものを生産する能力を持っているものの、新たに工場など生産基盤を整える必要があり、当面は少なからずロシアの軍需産業にも影響を与えることは間違いない。

また、二〇〇八年のロシア・ジョージア戦争で兵器の後進性に衝撃を受けたロシアは、それまでの「外国から兵器・武器は買わない（旧ソ連構成諸国は例外）」という大原則を放棄し、イスラエルから無人偵察機を購入したほか、フランスからミストラル級強襲揚陸艦の購入ならびに共同建造、イタリアからの軽装甲車の購入などを行うようになっていた。

特に驚愕に値するのが、ロシアを仮装敵国としているNATOの加盟国からの兵器購入である。だが、ウクライナ危機とそれに伴う欧米の対ロシア制裁により、フランスとのミストラル級強襲揚陸艦の購入契約が破談となる（フランスはロシアに違約金を支払った）など、ロシアの軍事近代化の計画にも制裁の影響が出ている。

このようなロシアの軍需産業への打撃は、ロシアの少し古くなった技術に依存してきた中国の軍需産業にも当然波及するはずである。しかも、中国の軍需産業もウクライナ危機から直接の影響を受けることは間違いなかった。中国もロシアと同様に、ウクライナから多くの部品などを輸入してきただけでなく、中国はロシアが対中警戒心から供与を拒んできた軍事技術や兵器などについてもウクライナからかなり得てきたのである。

†中国が空母を購入できた裏事情

ウクライナはソ連時代に軍需産業の重要な拠点であったことから、少なくともソ連の技術についてはウクライナも持っていた。長年ウクライナは経済情勢が悪く、経済力のある中国にかなりの軍事技術や高度な軍事製品などを供与してきたとみられている。また、個人の技術者が闇取引などにより、中国のみならず北朝鮮を含むアジア諸国に流出させた技術もかなりあったと推測される。

ウクライナ由来の軍事装備品の代表格が、「結果的に」中国に売却された空母「ワリャーグ」である。中国の改良によって空母「遼寧」として生まれ変わって、すでに実働している。

ワリャーグについて、ソ連時代やロシアの状況も踏まえて説明しておきたい。

米国は六〇機以上の航空機を持つ航空隊を擁する原子力空母を一〇隻配備しており、また、高性能で小さい通常型の強襲揚陸艦一〇隻を保持しているのに対し、ロシアが所有している空母はたった一隻である。ロシア唯一の空母「アドミラル・クズネツォフ」（以後、「クズネツォフ」と略記）は、米国の強襲揚陸艦に比べると大きいが、原子力空母よりは小型である。クズネツォフの甲板から戦闘機が飛び立つ機会はそもそも多くないが、一二機以上の航空機が搭載されることは稀である。

クルィロフ国立研究所が開発を進めている新空母は極めて大規模にグレードアップを図るとされているのだが、ロシアはその新型空母をおそらく建造できないと言われている。その理由は次の事情からである。

「クズネツォフ」は、ソ連時代の一九八五年から稼働しているが、その成功は当時のソ連にとって極めて大きな技術的成果とみなされていた。クズネツォフ級空母は、世界初のスキージャンプ甲板を有し、CTOL機（通常離着陸機：Conventional Take Off and Landing）を運用するSTOBAR（短距離離陸拘束着艦機：Short Take Off But Arrested Recovery）式空母である。

ソ連はほぼ同時期に、クズネツォフの姉妹艦であるワリャーグの建造に着手していた。ワリャーグは一九八五年に建造がはじめられ、八八年に進水したが、当時はまだ完成していなかった。しかし、九一年のソ連解体でこの空母建造計画は、停止せざるを得なくなった。

ソ連解体の混乱、経済悪化でそれどころではなくなったというのもあるが、何より大きな障害となったのはロジスティックの問題であった。空母の開発を主導するクルィロフ国立研究所はロシアにあるが、ソ連の主要な空母の造船所はウクライナの黒海沿岸にあった。ウクライナはかつてソ連の一部であったが、ソ連解体に伴う、一五のソ連構成共和国独立により、ロシアにとっては「近い外国」になっていたのである。

ウクライナも自力でワリャーグを完成させることは、財政的にも技術的にもできなかったため、半ば完成していたワリャーグをスクラップとし、国際オークションにかけて二〇〇〇万ドルで一九九八年に売却した。落札、購入したのは、マカオの中国系民間会社である創律集団旅遊娯楽公司であった。購入後は「中国本国で海上カジノとして使用する予定」とされていたが、同社の社長である徐増平は中国軍の退役軍人だったため、空母ワリャーグの運命は、ウクライナがまったく想定していなかったものとなった。

ウクライナはワリャーグを軍事的目的で使わないという前提で売却していたため、引渡し前に空母のすべての主要構造物を破壊していた。ウクライナはエンジンも外そうとしたが、中国側が「中国まで輸送するためにエンジンは必要だから外さないでほしい、中国に到着したら外す」と譲らなかったため、その主張を信じてエンジンは残した。

中国への輸送は容易ではなかった。ワリャーグの見かけは完全に空母であり、空母の海峡通過を禁じたモントルー条約に抵触するとして、ワリャーグがボスポラス海峡とダーダネルス海峡を通過することに、トルコが難色を示したからだ。それでも、中国側がトルコをなんとか説得し、ワリャーグは二〇〇一年から〇二年にかけて中国へ回航された。

空母を手に入れた中国の狙い

だが、ワリャーグのエンジンは、中国到着後も外されるどころか、そのまま活用されることとなった。満載排水量六万七五〇〇トンと大規模なワリャーグを、中国は将来の原子力空母へ発展の可能性を持つものと期待した。大連に到着した時は七〇%の完成状態ながら赤サビに覆われていたワリャーグを中国初の空母とするために、二〇〇五年から修理が開始された。〇六年には中国海軍艦船の塗装が終了、一一年にはレーダーや搭載兵器を整備するに至った。こうして一一年八月に第一回海上公試を実施し、一二年九月二五日に「遼寧」と名を変え、中国の空母として華々しくデビューしたのであった。

なお、遼寧に搭載する航空機は、一二年当時はまだ未熟だとされた。一四年段階で飛行試験が行われていた空母搭載機J-15（殲15）は〇四年に中国がウクライナから取得したロシア戦闘機Su-33（スホイ33）の無認可コピー機であるが、中国は独自の技術で開発・製造したと言い張っている。

ともあれ、中国が「遼寧」の改良工事を行うだけの技術力を獲得していたことは、遼寧のデビューで明らかになった。それだけでも、ロシアにとっては脅威であった。さらに中国は、中国海軍が将来、国産空母を建造できるよう、遼寧の研究を進めるとともに、航空要員の訓練を進めている。

中国が想定している将来の空母の計画としては、二〇〇七年三月に中国中央軍事委員会が二つのプロジェクト推進を承認したとされる。一つは、中型通常動力空母計画で、大型の原子力空母が建造されるまでの過渡的段階として一〇年までにワリャーグをモデルにした派生型の空母を建造し、搭載機「殲10」の準備ができるまでは、ロシア製のスホイ33戦闘機を運用するという計画だが、進捗状況は悪いようである。いま一つは、九万三〇〇〇トン級原子力空母を二〇年までに完成させる計画である。[*76] 規模や構成は、ソ連時代の未完成原子力空母「ウリヤノフスク」に類似していて、ロシアから秘密裏に設計資料を入手したと言われている。これが完成すれば米海軍の「ニミッツ」級空母にも匹敵するという。

†ロシア空母には実戦経験がない

他方、前述のような経緯から、ロシアの空母はクズネツォフ一艦となったわけだが、財源と造船所があったウクライナの支援がなくなったことで、クズネツォフを稼働状態に保つことすらままならない状態になった。

防衛型の空母として建造されたクズネツォフが九〇年代初頭の就役以来、展開したのはたった五回だったが、それらすべてで、ロシア海軍の力を諸外国に誇示すべく、最大のパフォーマンスが試みられた。三～六カ月をかけて、ロシア北部の母港から欧州を回り地中海に入って、シリアを含むこの地域のロシアの同盟諸国に対する支援を誇示した。ウクライナ危機の際にも地中海に派遣することで欧米を牽制した。[*77]

ちなみに、米海軍による空母のパフォーマンスは明らかにロシアのそれより大規模である。米国は隔年で、六～九カ月の空母の展開を行っている。米国はフレクシブルに米国の海軍力を世界の紛争地域に送り込めるように、二、三隻の大型空母と同数の小型空母を常時稼働可能にしてきた。そのため、米国の空母は第二次世界大戦以来、米国が関わるほぼすべての戦争や紛争に動員されてきたが、クズネツォフは実戦での出撃は一度もなく、世界で五本の指に入る最悪の空母(ナショナル・インタレスト)とすら称される。現在も修理中で、復帰は二〇二一年以降になる見込みだ。

つまり、クズネツォフはロシア海軍にとっては単なるお飾り同然で、戦力としての意味はないと言ってよく、またロシア外交のカードにもならないのである。同じような惨状が、ロシアの兵器産業一般、軍事計画、全般的な経済の現状すべてに見てとれる。

ロシアですら保持、稼働が困難な空母を、ウクライナが中国に提供したことの意味は非常に大きいのだが、それに加え、ウクライナはホバークラフトを利用した「ズーブル型」の揚陸艦や砕氷船（前述の「雪龍」など）も中国に提供しており、それがまたロシアの影響圏を侵害する脅威となっている。中国はこれらの砕氷船をつかって第三章で述べたように、ロシアが重要かつ戦略的な影響圏と考えている北極海を航行し、またロシアが内海と認識しているオホーツク海でも海軍の艦隊を航行させたのだった。

†汚職が蔓延するロシアの武器輸出

さて、以下ではウクライナ危機で中露の軍事関係がどのように変化したのかを確認するためにも、中露の軍事関係の前提や歴史的背景を踏まえながら、全体像を捉えて行きたい。

ロシアの経済、外交を考える上で、「武器・兵器」という要素を除外することはできない。ロシアが行っている武器輸出は、主に政府系の国家単独企業「ロシア国防輸出（ROE）」が行うもの、輸出許可をもつ個別企業が行うものの二つに大別できる。

前者のROEは、かつては国営企業だという位置付けで現在もその業務を継承していることから、ROEが扱うのはロシア政府と外国政府ないし外国企業との間で行われている取引である。プーチンは武器製造過程を一元化するために、二〇〇〇年一一月、ROEを設立し、同社がロシアの武器輸出の約八五％を取り仕切ることとなったが、約二〇社が海外との武器の部品

表4　ロシアの武器輸出の推移（単位：10億ドル）

	2000	2001	2002	2003	2004	2005	2006	2007	2008
武器輸出全体	3.68	3.71	4.82	5.4	5.78	6.13	6.46	7.5	8.0強
うちロシア国防輸出分	3.09	3.3	3.98	5.08	5.12	5.23	5.3	6.2	7.0強

出所：『ベドモスチ』2006年6月10日、及び2007年2月28日、『コメルサント』2008年第5号、および2009年第9号。

やサービスの直接販売の権利を有していた。他方、後者は、ロシアの一般的な私企業と外国政府もしくは外国企業との取引を意味するが、実際に輸出許可を持っているのは国営企業であるために、結局、後者においても政府は全面的に関与している。つまり、ロシアの武器輸出はすべて政府が行っていると言って良い。

実際の武器輸出の推移を示したのが次の表4である（塩原 二〇〇九）。表4から明らかなのは、プーチン政権下の二〇〇〇年以降、ロシアによる武器輸出が着実に増加してきたこと、そして、ROEが担う割合が圧倒的だということである。

プーチン政権下での輸出促進傾向の中で、ロシア国内の軍需企業間の競争が厳しさを増し、輸出に関わる規則作りが課題となった。その必要性が表面化したのは二〇〇二年に発生したスキャンダル[*78]であった。ROEの手続きには明らかな不透明さがあるとして、問題が深刻視された。最終的には数カ月後に入札結果が見直され、駆逐艦は「北方造船所」が受注することとなったが、ロシアの軍需産業が汚職の温床となっている状況が明らかになったのだった（塩原 二〇〇三）。実はかなり早い時期から、ロシアの軍需産業では汚職が蔓延していたが、その状況はプーチンでも簡単には改善できなかった。

その後、〇七年一月八日、プーチンはROEだけに最終軍事用途品の輸出権を与える大統領令に署名した。それにより、自主的輸出権を持っていた軍事関連企業約二〇社は輸出権を喪失し、新規の契約はできなくなった（ただし、軍事関連の部品の輸出や以前に売却した兵器や技術のサポート・メンテナンスについては、一七の工場や設計ビューローがダイレクトに行える）。

いずれにせよ、〇七年以降の武器輸出はROEによるものだと言えるが、プーチンの意図に反して、このような独占企業が存在していることは、ロシアの武器取引と資金の流れの恒常的な不透明さにつながっている。[*79]

†中国のライバル国に高性能兵器を供与

武器輸出にあたっては、自国にとって脅威にならないようにして供与するというのが世界の常識である。最新機種は供与せず、相手国との合意の上でダウングレードを行うのだ。しかし、場合によっては、むしろアップグレードをした上で供与することもある。もちろん、これは両国関係、相互信頼度による。

では中露ではどうだろうか。ロシアの武器取引の「一部を見る」だけで、中国に対する警戒

表5　2000-04年のSu-27、Su-30の輸出状況

	2000	2001	2002	2003	2004
	種類（機数）	種類（機数）	種類（機数）	種類（機数）	種類（機数）
中国	Su-30 MKK（10）	Su-30 MKK（28）	Su-30 MKK（19）	Su-30 MKK（19）	Su-30 MKK（24）
	Su-27 UBK（8）	Su-27 UBK（10）	Su-27 UBK（10）		
インド			Su-30 MKI（10）	Su-30 MKI（12）	Su-30 MKI（10）
インドネシア				Su-27SK（2） Su-30 MK（2）	
ベトナム					Su-30 MK2V（4）
エチオピア				Su-27SK（3）	Su-27SK（5）

出所：塩原 2009

心が分かる。その例として戦闘機スホイ27およびスホイ30の輸出状況を検討してみよう。二〇〇〇〜〇四年の動向をまとめたのが表5である。

スホイ27の中国向けダウングレード版がスホイ27ＵＫＢである。スホイ30はスホイ27の複座戦闘攻撃版で、インドに輸出されてきたスホイ30ＭＫＩはスホイ27に推力偏向システムを付加したアップグレード版である。

中国向けにはスホイ30ＭＫＫがあるが、これにはインド向けスホイ30ＭＫＩのような推力偏向ノズルは付加されていない。つまり中国版ではアップグレードされていないのだ。表5にはないが、ロシア政府と中国政府の間のライセンス生産契約により、第四代戦闘機スホイ27SKのキットが、一九九八〜二〇〇四年に一〇五機組み立てられている。

インド政府との間でも、二〇〇〇年一二月にスホイ30MKIのライセンス生産(一四〇機、三五億ドル)が合意されており、インドでの組み立てが二〇〇四年末から開始された。インドとは合弁会社を設立して、超音速巡航ミサイル「ブラモス(BrahMos)」など軍事技術協力を模索する動きや、輸送機Il-214T(イリューシン214T)を元に軍用輸送機を共同で製造する契約まで存在する。このような状況からも、ロシアの中国に対する警戒感、その一方で、インドとの信頼関係に基づく軍事協力の有り様が見てとれる。

ロシアとインドは軍用輸送機を共同生産するまでに至っているなかで、中国の現状がいかなるものかも気になるところだ。中国軍にとって、軍用輸送機は軍の近代化のネックであり続けてきた。中国が現在保有している主要な軍用輸送機は、搭載能力が二〇トンの四発プロペラ機Y-8が五〇機以上、搭載能力五〇トンのイリューシン76MD、キャンディッド大型四発ジェット機が約二〇機といったところだ。そのほか、空軍が運用するVIP専用機のB-767(ボーイング767)とボーイング737、陸軍や海軍の人員輸送用のY-7の各型が若干あるに過ぎない。

イリューシン76MDは、九〇年代にロシアから輸入したものである。そこで、二〇〇五年の中露合同演習の後、中国はロシアにイリューシン76MDを三四機、空中給油型イリューシン78マイダスを四機追加発注したが、ロシア国内の生産の混乱で納入がかなり遅れたことから、中国では軍用輸送機を国産で発展させることが急務であるという意見が高まっている。しかし、国産化を目指すといっても、心臓（エンジン）と神経（アビオニクス、航空電子機器）を自前で開発するのは容易ではない。しかも軍事用ということが明らかになっている以上、外国からの技術移転も期待できないため、国産化へのハードルは高そうだ。

現在中国が保有している自前のY－8はもともとソ連（ウクライナ）のAn－12（アントノフ12。NATOのコードネームは「カブ」）をコピーした軍用輸送機である。中ソ関係が悪化していた中で、ソ連を敵と想定して国内生産したものであった。[*80]

あるいは、表5にはない時期のケースだが、南シナ海の問題で中国と対立関係にあるベトナムに対しても、ロシアは軍事協力で優遇措置をとっている。たとえば二〇〇九年からロシアは三キロ級の潜水艦を三艦ベトナムに売っているが、それは中国に供与したものよりずっと高性能の艦船だった。

ロシアが対中警戒感を強めていったのは、二〇〇三年だと言われており、中国に対して「武器市場であるだけでなく、野心を持った隣人」だという認識を強めたという。そのためロシアは、将来のリスクを下げるために、武器売却に関するいくつかの計画を見直した。一方、中国も二〇〇六年「第一一次五カ年計画」において、軍事・防衛関連の科学・技術・産業基盤を強化し、外国からの支援に依存しない体制を作り上げるという方針を定める。*81

皮肉にも中露の方向性は一致したかに見えたが、中国は、ロシアの技術をコピーして自国生産するだけでなく、海外輸出にも拍車をかけたのであった。それでも、日本を含む欧米諸国の多くは中国への軍事関連輸出を禁止していることもあり、中国にとってロシアが極めて大切なパートナーであることは間違いない。

†中国の軍拡とロシアの関与

現代中国の軍事史を紐解くと、とりわけ海軍はソ連から学ぶことによって進歩してきたことが分かる。一九五〇年代の中ソ対立は、軍事協力に暗い影を落とし、ソ連からのサポートが得られない時期も長かったが、そのような時でも中国は、ソ連の技術を基盤に独自の技術を発展させてきた（表6にその動向をまとめた）。

対立しているとはいえ、冷戦時代にはソ連の存在なくして、中国の軍事的発展は望めず、ソ連の技術は必要不可欠であった。八〇年代後半のペレストロイカで中ソの緊張が緩んだことにより、中国の軍事発展の可能性は飛躍的に高まった。

ソ連解体後は、中国はロシアのみならず、ウクライナなど旧ソ連諸国と新たな軍事関係を築いていく。

中露関係で顕著に軍事・戦略協力が進んだのは二〇一三年だった。三月に、両国首脳は「新安全保障対話」を進め、主権、領土保全などで連携を打ち出す共同声明に調印した。この新しい試みは、アジア太平洋地域で存在感を高めたいロシアと、南シナ海や尖閣諸島をめぐる領有権主張を国際社会に示す場をつくりたい中国の思惑が一致したことで推進されたと見られている。ロシアの東方シフトが顕著に進んだのもこの頃であった。

他方、ロシアと中国が共に警戒してきた米国も同時期にアジア重視外交を標榜した。だが、実際には、二〇一三年ごろ、中東問題や国内問題が深刻化し、米国は対アジア外交に重心を置くことができない状態になっていた。そのため、中露はこの間に、一気にアジアでの存在感を高めようとしていたようである。特に、中国の存在感は突出していたと言って良い。たとえば、英国の有力シンクタンク「国際戦略研究所」（ＩＩＳＳ）が発表した報告書『ミリタリー・バランス　２０１５』のなかで、アジア全体の軍拡が拡大したが、なかでも中国の軍事費が全アジアの三八％を占めると警告した。

著者作成

備考
台湾解放の準備にあたり、駆逐艦以上の大型水上艦艇の整備が不可欠と考えた中国が、ソ連に供与を依頼し続けていた。
冷戦を勝ち抜くためには潜水艦が必須という考えから、1950年に中国海軍が潜水艦要員の教育訓練を正式に依頼したことにソ連が対応。
ソ連が中国に供与した潜水艦は全て沿岸防衛用。
1艦目は56年4月に進水、57年に就役。以後、4艦までが建造され、94年までに全艦除籍に。「成都」級フリゲート艦建造を通じ、中国は技術を習得し、造船業の基礎も築かれ、66年は自主開発による65型フリゲート（ＮＡＴＯコード「江南」級）を就役させたほか、ソ連のSS-N-2（Styx）ミサイルをモデルにして、搭載するミサイル開発も進めた。
1955年6月にも同型の潜水艦が中国に供与されたほか、その後、Shushuka型潜水艦（35-47年にソ連で建造され、64年に全艦除籍）も4隻供与された。
92年に「鞍山」が除籍されるのを最後に、同級の駆逐艦は全てが除籍。
それまでソ連から得ていた潜水艦は沿岸防衛用だったが、朝鮮戦争を機に、中国も航洋型の潜水艦が必要だと感じるようになり、「6・4協定」に基づき、中国はソ連からW級潜水艦の部品、装備、図面を供与され、ソ連の技術者の指導を受けながら中国で組み立てることとなった。

表6　中ソの軍事関係（1949〜80年代）

時期	動き
1949年末	毛沢東は蕭勁光に、蕭が中国軍の伝統を知るだけでなく、ソ連に留学経験があり、ロシア語ができることから、ソ連軍との比較もできるとして、海軍領導機構（現在の海軍司令部）の設立を命じた。
1950年2月14日	中ソが締結した貸款協定および貿易協定で、1億5000万ドルが海軍建設用に確保され、各種艦艇、航空機、火砲、その他の設備機材を購入することに。
1950-53年	朝鮮戦争時、ソ連が北朝鮮に対してのみならず、中国にもT-34戦車やMiG-15戦闘機などを大量供与し、戦後もしばらくはMiG-17、MiG-19、Tu-16といった当時最新鋭の戦闘機や爆撃機を供与した。MiG-17以降は、中国の瀋陽航空機工場でライセンス生産も行われるように。
1950年10月	駆逐艦第一大隊の編成時に、ソ連海軍は中国海軍に2隻の「ゴルディ」級駆逐艦を供与。
1951年4月〜	旅順に展開するソ連太平洋艦隊の潜水艦部隊において、275人の中国人将兵に教育訓練が施されるように。
1953年	ソ連はM型潜水艦1隻を中国に供与。
1953年6月4日	「六・四協定」が締結され、ソ連は設計図面、部品、材料、設備を中国に提供し、中ソ海軍訂貨協定に基づき、海軍の「リガ」級フリゲート（中国では01型護衛艦、NATOコードでは「成都」級フリゲートと呼ばれる）が上海の造船所で建造されることになったが、中ソ対立でソ連の技術者が退去した後は、中国が自力で建造をすすめなければならなくなったのに加え、文化大革命も大きな打撃に。
1954年6月19日	中国海軍最初の潜水艦部隊である独立潜水艦大隊が編成される。
1954年6月24日	旅順港に停泊するソ連のC級潜水艦2隻が中国海軍に引き渡された。
1954、55年	毛沢東のスターリンへの根強い交渉の結果、除籍されていたソ連の駆逐艦4隻が中国に売却されることに。各年2隻ずつ供与され、最初の2隻が「鞍山」と「撫順」、次の2隻は「太原」、「長春」と命名された。
1955年4月1日	江南造船において1隻目の潜水艦の建造を開始（56年に進水、57年10月に就役、58年に中国海軍の戦闘序列に正式に加えられる）。その後、62年までに武漢造船所で8隻が、64年までに江南造船で13隻が建造され、中国の潜水艦は外洋で運用されるようになった。

備考
生産着手前には、第二次世界大戦時に日本軍から接収した車輛(97式中戦車、95式軽戦車、その他の装甲車など）やソ連供与車輛（T-34-85中戦車、IS-2重戦車、Su-76Mなどの各種自走砲）の運用や整備で経験を積み上げていた。
「商」級建造では原子炉及び搭載兵器に関する技術的問題で中断したが、ソ連の協力で再開。ソ連海軍が70年代末から使用していた「ヴィクターⅢ」型SSNを基盤に開発を進めた。

†ロシアの対中軍事貿易

ロシアの軍事貿易からの収入は確実に増えている。ロシア経済の支柱は石油・天然ガスの輸出で、武器貿易の収入は、全体の輸出収入の五％程度に過ぎないとはいえ、その武器輸出額は一九九八年には二九億ドルだったものが二〇〇四年には五六億ドルにまで増大した。またウクライナ危機による経済制裁を受ける中、一六年には六四・三二億ドルと、米国に次いで世界二位になるなど確実な伸びを示している。

　ロシアの主要な武器輸出相手国は中国とインドで、中国が武器輸出全体の約四割前後を、インドが約二・五割を占めてきた。年によっては、両国で七割以上を占めるケースもあっ

時期	動き
1950年代半ば	ソ連から戦車製造プラントの移譲を受けて、初めて戦車や装甲車輛の生産に着手。ソ連の援助で、当時の有力戦車である100ミリ砲装備の　T-54A 中戦車と76.2ミリ砲装備の PT-76B 水陸両用軽戦車を生産。中ソ対立後も、ルーマニア経由の情報やイスラエルの支援で開発を進展させた。
1959年2月4日	W 級潜水艦の後継としてソ連のＲ級潜水艦が選ばれ「２・４協定」を締結し、中国はソ連の技術支援を得ることに。
1962年	Ｒ級潜水艦の建造を開始（87年に建造中止になるまで84隻建造）。
1971－93年	中国が初めて国産した駆逐艦はソ連の「コトリン」級をモデルにした051型「旅大」（ルーター）級で、17隻を就役。
1980年代	中国は攻撃型原子力潜水艦の建造にも着手し、５隻の攻撃型原潜（SSN）091型「漢」級を建造した後、093型「商」級の建造プロジェクトを開始。
1980年代後半	ソ連のペレストロイカで対ソ関係の緊張が緩和すると、ソ連の支援を得て東西両方の技術をミックスした形で新しい戦車である中国版 T-72＝98式戦車の開発に成功。

た。中国は一九九二年からロシアの武器輸入を再開した。九〇年代は、ソ連解体による混乱に加え、九八年の経済危機などもあり、資金不足によってロシア軍が新規装備品を購入できなかったことから、ロシアの軍需産業は武器輸出によって支えられていたと言ってよい。特に、大きな規模を占めた対中輸出は、ロシアの武器製造工場のみならず、軍需産業全体を救うことになったと言っても過言ではない。二〇〇〇年代に入り、ロシア軍による武器調達率が増加したとはいっても、ロシアの軍需産業設備の稼働率は〇六年段階で四割にすぎず、輸出拡大と技術革新を必要としていた。[*82]

ソ連解体後の混乱から立ち直るためにも、ロシアにとって中国への武器供与は重要な意

著者作成

備考
AL-31Fというロシア製航空機エンジンが装備されていたが、中国がエンジンのコピーに成功し、それによって中国製の航空機を製造し始めたため、ロシア側が抗議。
2001年に10機、02年に28機が組み立てられ、2年で履行された。
ソ連海軍用に建造が開始されたが、ソ連が解体してしまい、作業が中断していたものを中国が買い取り、サンクト・ペテルブルクで完成させた上で、中国が引き取った。SS-N-22サンバーン3M80Eモスキート艦対艦ミサイルを搭載するなど、強力なミサイル駆逐艦であるが、基本設計は1970年代に行われており、古臭さは否定できない。ソヴレメンヌィ級は17隻建造したにもかかわらず、問題や故障が多発し、現在は5隻しか実働していない。それでも中国が4隻も購入したのは、装備されているレーダーやミサイルなどの技術習得やコピーが狙いではないかとも言われる。
039型・039G型「宋」級SSKは8－9隻が就役したとみられるが、性能の悪さからロシアより「キロ」級SSK4隻を購入へ。
純粋な国産にはならず、ロシア製ないしコピーした大気独立推進(AIP)システムが採用されている可能性が高いとされる。
コピー疑惑をより濃厚にした。
中国はロシアから2隻のキロ級潜水艦を購入し、逐次就役させてきたが、これが現状では最強で、迎撃は極めて困難とされる。
コピー疑惑をより濃厚にした。

表７　中国がロシアから得た軍事装備品供与（2000年代後半まで）

時期	動き
1992年－	約300機の第４代ジェット戦闘機 Su-27と、Su-30を入手したほか、国内におけるその製造に関するライセンスをロシアから450機分獲得。
1992、96年	ロシアから Su-27SK 戦闘機（38機）を受領。
1992、96、2000-02年	練習用戦闘機 Su-27UBK（40機）や多機能戦闘機 Su-30MKK（76機）を受領。
1998年	中国の現時点での主力攻撃型通常動力潜水艦、039型「宋」級 SSK の一番艦が就役するも、不具合発見。
1998－2005年	瀋陽の工場でロシアから受けたライセンスに基づき、ロシアから受け取った部品によって、105機の第４代戦闘機 Su-27SK（中国名は J-11）が組み立てられた。
1999年	中露間で、38機の Su-30MKK 戦闘機を中国で組み立てるライセンス契約締結。
1999-2000年	中国海軍がロシアからのソヴレメンヌイ級駆逐艦（満載7940トン）２隻（「杭州」および「福州」）を購入。2001年までに２隻とも就役した。装備した対空ミサイルは SA-7 ガドフライ、対艦ミサイルは SS-N-33サンバーン、ロシア名モスキート3M-80E を改良した3M-80MBE。
2001年	039型「宋」級 SSK に大規模な設計変更を施した２番艦が039G 型として就役。
同	中露間で２年間で19機の Su-30MKK 戦闘機を組み立てる追加契約。
2002年	中国軍は潜水艦の国産開発を諦めず、新型 SSK「元」級の開発に着手し、2004年に進水させた。
同	中国がロシアに対し、Su-27戦闘機の105機分のライセンス契約延長を断った。
同	中国が射程距離220キロの超音速対艦ミサイル（SS-N-27シズラー）が装備された636型キロ級潜水艦をロシアに発注。
2004年	Su-27SK 戦闘機のライセンス契約に関し、中国は180基のエンジン AL-31F を受け取ったあとで、Su-27SK 用の部品を不要だとロシアに通告。

備考
中国が同エンジンを使った戦闘機をパキスタンに輸出し、知的所有権問題が発覚。さらに中国もパキスタンも第三国に輸出をし始めた（同戦闘機が旧式であったことから、ロシアはのちに再輸出を認めた）。
失効となった理由：①ウズベキスタンのチカロフ記念タシケント航空機企業合同がこの契約を遂行できなくなった、②ＲＯＥが航空機製造原価を下回る価格で契約を締結したことを認めたこと、③当時のルーブル高・ドル安傾向。
中国による本技術の諸外国への不正な漏洩が危惧された。

時期	動き
2004年	中露間の契約に基づき、24機のSu-30MK 2戦闘機の組み立てが行われたほか、キロ級潜水艦（12隻）、潜水艦（２隻）、SS-N-22対艦巡航ミサイルを装備したソヴレメンヌィ級ミサイル駆逐艦（４隻）、地対空ミサイル・システムのトーポリ-M1（27機）がロシアから中国に輸出された。
2005年２月１日	ロシア国防輸出（ＲＯＥ）は中国に航空機エンジンRD-93を100基、２億6700万ドル（２億3800万ドルという説も）で供給する合意を締結。
2005年９月１日	中国国防省とＲＯＥの間で、総額10億ドル強で2008－12年に34機の軍事輸送機と４機の空中給油機Il-78を供給する契約が結ばれたが、その契約は右記の理由で失効になった。
2005、2006年	ロシアの北方造船所は中国に、2002年に締結された２隻の駆逐艦を各年１隻、総額14億ドルで供給する契約を完了。
2006年10月１日	ロシアのアルマズ・アンテイが８基の防空ミサイル・システムS-300PMU2「ファヴォリ」の納入契約を総額10億ドルで締結。
2006年、2007年	ウラン・ウデ航空機工場は2006年に中国と２億ドル規模の契約を締結し、同年に12機、翌07年４月に24機のヘリコプターMi-17/Mi-18を納入した。
2007年	戦闘機J-10用のエンジンAL-31FNを、中国に約１億5000万ドルで50基供給する合意が成立。
2008年７月１日	ROEはモスクワのサリュートの生産するエンジンAL-31を100基中国に販売（３億ドル程？）する契約に署名。
2008年12月１日	中露軍事技術協力委員会において、「軍事技術協力に伴う知的所有権保護協定」が調印された。

味を持った。ロシアによる対中軍事装備品の供与の実態について、ソ連解体から、二〇〇〇年代後半までの情報を表7に整理しておく。

表7のような中露間の軍事協力により、ロシアの技術を習得したり、コピーしたりすることで、中国の軍事技術はかなり上がっていたが、二〇〇〇年代に入っても中国は自国の技術力に満足できなかった。それ以降も中国はロシアから軍事装備品の購入や技術の習得をし続けた。ロシアの対中武器輸出の約六割を占めたのは戦闘機の分野であるが、潜水艦や軍事輸送機、燃料補強タンカーなどの輸出もされ、両国の軍事関係は深まっていった。

同時に中国は国産化に向けての努力を続けたが、それでも中国は常にロシアの軍事「技術」を必要としていた。たとえば、二〇〇五年に中国の温家宝首相（当時）は、「ロシアからの軍需製品の完成品を輸入するよりも、むしろ製造過程の協力関係を構築する必要がある」と述べている。しかし、ロシアは中国に対する複雑な感情や中国によるコピー疑惑などの理由で、「軍事部門の収入」は得たいものの、「最新兵器」と「軍需技術」の提供にはおよび腰だった。

†中国のコピー疑惑とは

ロシアの中国不信に、軍事技術のコピー疑惑があることはたびたび触れてきたが、どういうことか。中国のコピー疑惑はソ連時代に遡る。*83 中ソ対立が熾烈となると、中国の軍事産業は打撃を受け、たとえば殲7戦闘機は直接の余波を受けたが、殲6戦闘機については、時間はかかったものの、なんとか国内生産プログラムを復活させることができた。

二〇〇八年二月にロシアで、中国がスホイ27戦闘機のコピー機を造ったという報道が出た。真偽のほどは明らかでないが、ロシアの警戒心が高まったのは間違いない。

先述のように、ロシアとのライセンス契約により、一九九八〜二〇〇四年に一〇五機が組み立てられたスホイ27SK（殲11）には、当初、AL－31Fというロシア製航空機エンジンが装備されていたが、〇六年に中国の航空機製造持株会社がそれにかなり近い性能を持つエンジンの開発に成功したことによって、スホイ27SKをコピーした中国製航空機が製造可能になった。それを受けて、ロシア政府は中国政府に対し、スホイ27SKをコピーした殲11の生産および輸出が、第三国への輸出を禁じる条項を含む国家間ライセンス契約に違反していると文書で抗議し、知的所有権の保護のための法的手続きをとると通達した。だが、中国側は全体のサイズが殲11よりも小さい改良機（殲11B）を開発し、生産するに至ったのである。

また、二〇〇五年二月にロシア国防輸出（ROE）は中国に航空機エンジン「RD－93」[*84]一〇〇基を二億六七〇〇万ドル（二億三八〇〇万ドルという説もある）で供給する合意を締結したが、それものちにさまざまな問題を孕むこととなった。契約には、第三国へのエンジンの再輸出を禁止する条項があったのだが、中国はそれを無視し、パキスタンに輸出する戦闘機JF－17

（FC－1）に使ったのだった。[*85] つまり、ロシア製エンジンが中国経由でパキスタンに輸出されることになったのだ。

パキスタンも同機の製造に乗り出し、ロシアの技術がどんどん流出してしまうことになった。知的所有権の侵害だけでなく、ロシアの完成した軍事装備品の世界市場での価値も下がることから、ロシアにとっては極めて大きな打撃であり、ロシアは中国に対し、エンジンの再輸出禁止という契約条項に違反していると激怒した。

とはいえ、JF－17はロシアがパキスタンと敵対関係にあるインドに輸出しているスホイ30MKIよりも旧式の戦闘機であることもあり、最後にはロシア側は中国がロシア製ターボファンエンジンRD－93をパキスタン、ナイジェリア、バングラディシュ、サウジアラビア、エジプト、アルジェリアなどの国々に再輸出することを許可したのもまた事実であった。ちなみに二〇〇九年、中国はすでにジンバブエに一二機のJF－17を供給する契約を調印し、パキスタンはアゼルバイジャンに二四～二六機のJF－17を輸出することになっていたという。[*86] このような状況からは、中国経由でロシアの軍事技術が世界に垂れ流される危険が感じられるのは当然である。

それでも、ROEは二〇〇八年七月に中国と新しい契約署名に踏み切った。モスクワのサリュートの生産するエンジンAL－31を一〇〇基中国に販売することとなったのである。金額は詳かにされていないが、三億ドル程度だとみられる。また、〇七年には戦闘機J－10向けに装備されるエンジンAL－31FNを、中国に約一億五〇〇〇万ドルで五〇基供給する合意が成立していた。これらの技術についても、中国による諸外国への不正な漏洩が危惧された。

このような流れを受け、二〇〇八年一二月に、中露軍事技術協力委員会において、「軍事技術協力に伴う知的所有権保護協定」が調印され、知的所有権の保護に向けて両国が協力していくことが決まった。

ロシアが警戒心を募らせるのは、中国が軍事部門を含むさまざまな技術をロシアから盗み、自国産業に転用してきた事実である。中国は、自身の軍事部門での開発力と技術力を高め、ロシアの技術に依存しなくとも、自前でかなりの兵器を生産できるようになってきた。

このような状況は米国にとっても厄介なことである。特に問題視している軍事部門が五つある（Farley 2014）。ジェットエンジン部門、爆撃機、潜水艦部門、防空システム部門、弾道ミサイル部門である。

†中国のジェットエンジン技術

中国の軍事技術力の高まりは近年目覚ましいとはいえ、エンジンの改善は中国の航空業界において一〇年以上もの間、最も深刻な障害の一つであり続けている。旧式の戦闘機だけでなく、新型のステルス戦闘機においても、ネックとなってきたのはジェットエンジンであった。中国の新型ステルス戦闘機は[*87]、もともとはソ連の技術が基盤となって中国で改良、開発中の戦闘機である。

たとえばJ－10（殲10）は、中国の航空機企業「成都飛機工業公司」が設計、生産している戦闘機で、主力の殲11戦闘機とともに配備され、機数を確保する混合運用（ハイ・ロー・ミックス）のための軽戦闘機である。そもそも、中国軍はミグ21戦闘機の見本用の部品と生産キット[*88]を元に製造した殲7戦闘機を長期にわたり使用してきたが、改良の必要性に迫られた。しかし中ソ対立からソ連に頼ることができなくなったので自力で改良を進めざるをえない状況に追い込まれたが、エンジンとアビオニクスについては自国での開発ができなかった。西側に頼ろうとしたものの、一九八九年の天安門事件を契機に、欧米諸国は中国への武器輸出を制限したため、結局、中国はソ連解体後の新生ロシアに頼らざるを得なかった。こうしてロシアから入手したAL－31Fターボファン・エンジンやアビオニクスを搭載することで殲10戦闘機を完成させることができたのであった。

殲20戦闘機は、二〇一四年に公開された同戦闘機の写真に、謎の「六角形の装置開口部、そしてその内部に格子状の構造」が写っていることが話題となり、プラズマ・ステルス技術ではないかという見方が強く持たれている。プラズマ・ステルス技術はソ連が一九六〇年代に開発した技術であるが、中ソ対立が先鋭化するまではソ連と中国は同技術に関連する共同研究をしていたため、中国も理論研究に成功していたことがその根拠である。

空母搭載機の殲15は、前述の通り、中国に対する警戒心からロシアが技術供与を拒んだ結果、ロシアの旧式機スホイ33をコピーすることによって中国が自国開発している戦闘機である。開発中の殲15が、コピー元であるロシアの戦闘機よりも「最高速度がはるかに速い」、「対地攻撃能力も優れている」、「先進的な電子装置を供えている」などの理由で優位にあるという中国国内の論調に対し、ロシアの専門家から批判が出ていることを、中国メディアの『環球時報』が報じた(二〇一五年二月四日)。

ロシアサイドは、スホイ33はすでに旧型機で、比較の対象として適切ではなく、しかも、中国がエンジン技術については学習できなかった、つまり「コピーすらできなかった」と辛辣に批判していた。

実際、中国は殲15用のエンジンを開発したが、寿命が異常に短いなど、実用に耐えるものではなく、いまだにロシアから大量の戦闘機用エンジンを買い続けている。

殲15の開発は、空母「遼寧」保有の経緯と深い関係がある。前述のように、殲15は空母に搭載するための艦上戦闘機である。艦上戦闘機が必要となった中国は、九〇年代末に、ロシアからスホイ33を五〇機購入しようとしていたが、売却を躊躇したロシアから、結局二機のみを購入した。だが、二機では「遼寧」に搭載するには不足なので、中国は殲15の自国開発を決定したと考えられる。[*89]

つまり、殲15の自国開発は苦肉の策で踏み切ったものの、エンジン技術などではやはりそのレベルに到達できず、ロシアの技術に頼らざるをえなかったのである。

とはいえ、ロシアのエンジンも最高の評価を得ているわけではない。中国のエンジンよりはずっと良いだけというのが国際的な評価である。米国などから技術供与を得られない中国の実情が、ロシアに頼らざるを得ない一因となっている。

ロシアも中国によるエンジン購入には微妙な感情を抱いている。不信感を抱いているなかで、中国のジェットエンジンの装備に協力することは、ロシアにとって直接的な安全保障上のリスクになる。一方で、中国はロシアの軍需産業にとって最大の顧客であり、それを失うこともロシアにとっては大きな損失なのである。

ロシアは、中国の軍事状況や国際環境を臨機応変に分析しつつ、エンジン分野での長期的な中露協力を模索しているのが実情だ。

†陳腐化している中国の爆撃機

中国人民解放軍・空軍が装備している大型爆撃機であるH－6（轟6）は、西安飛機工業公司が製造しているが、ソ連のTu－16（ツポレフ16）爆撃機を国産化したものである。

その開発は、ソ連時代の中ソ対立とも絡み、順風満帆ではなかった。一九五七年、中国は中ソ相互援助条約の一貫として、ソ連からツポレフ16の導入を決定し、哈爾浜《ハルビン》飛機製造公司でノックダウン生産[*90]を開始した。同年九月には組み立てられた爆撃機が中国国内で初飛行し、五九年に中ソ間でツポレフ16のライセンス生産が取り決められた。こうして西安飛機工業公司で生産が開始されることになったのだが、中ソ対立により、六〇年六月にはソ連から送り込まれていた技術者が引き揚げてしまい、生産計画は大幅に遅れた。

それでも六八年にはなんとか開発した国産エンジンWP－8（渦噴8）を搭載した自国生産一号機が初飛行し、翌六九年二月には人民解放軍に配備された。現在、一二〇機程度が運用されているという。

轟6の当初の目的は、二〇キロトン核爆弾を搭載した核攻撃であり、中国核戦力発展計画とも連動していた。ロプノール湖での核実験でも使用され、総計九個の核爆発装置が轟6から投下された。だが、弾道ミサイルの発達により核攻撃機としての轟6の役割は縮小した。その一方、ソ連でのツポレフ16の動向と同じく、中国でも轟6は、長大な航続距離と大きな搭載量を生かし、巡航ミサイル発射母機や対艦ミサイル発射母機、機雷投下機などとして数々の派生型が生産されている。

轟6については、エンジンもアビオニクスも国産化されており、輸入に頼る必要がないことから、安定した生産とコスト減が可能となっている。それでも、やはり技術と効率の限界があることに加え、派生型を生むためにも、やはりロシアとの協力は極めて大きな意味を持つ。他方、中国が高度なエンジンやアビオニクスをコンスタントに開発できるようになることは、ロシアのみならず、米国など諸外国にとっての脅威となるため、世界がその動向を注目している。

なお、轟6を補う機体として使用されている轟5は、ソ連初のジェット爆撃機として一九四八年に初飛行したIl-28(イリューシン28)をコピー生産したもので、他国では既に絶滅した戦術爆撃機の範疇に該当する。当時のイリューシン28は他の戦闘機を振り切って爆撃を行うほどの性能[*91]を有していたが、出現から約七〇年を経た今となっては完全に陳腐化しており、また航続力も短く、爆装時の戦闘行動半径は七〇〇キロ程度にすぎないため、内陸奥地に対する長距離侵攻作戦に充当することはできない。ミサイルなどの誘導兵器の運用能力も皆無であるなど、中国は不満を募らせていた。中国は六三年以降轟5の生産に入り、八〇年代には約五〇〇機が使われた。

爆撃機部隊の能力不足を改善するため、中国は戦略爆撃用としてツポレフ95MSと戦略用長射程ALCM、戦域攻撃および対艦攻撃用としてツポレフ22MとKh-22MAの導入を検討しており、ロシアと交渉を続けている。だが、ロシアは地域の軍事バランスが崩れるとして、中国への新型爆撃機売却はきわめて慎重である。けれど、中露関係の改善およびロシア側で新型爆撃機開発の資金を作る名目から、ロシア側も予備役にある少数機のツポレフ95MSとツポレフ22Mの売却とこれらの機体を中国でライセンス生産することについて次第に前向きになっている。仮に中国がこれらの機体を入手したとしても、戦力化や訓練には一定の時間がかかるため、このことが即時に軍事バランスの変化に速やかにつながるとは思えない（大塚 二〇〇七）。

†ロシアの協力が仰げない潜水艦部門

潜水艦は海軍にとって極めて大きな意味を持つが、その建造には高度な技術が必要である。その重要性のゆえに、潜水艦建造技術が他国に伝えられることはまずない。技術開発と建造は、基本的には各国に委ねられているのが世界の趨勢である。

中国もここ三〇年強の間に、原子力潜水艦、ディーゼル電気潜水艦、さらには弾道ミサイル潜水艦の建造に成功し、しかも、比較的良い水準であるという。それでも、中国の潜水艦は極めてソ連の潜水艦に似ているが、騒音が極めて大きいほか、いくつかの問題が残っているという。そして、問題改善にはロシアの専門家の助力なくしてはほぼ無理だと考えられている。ロシアが「アクラ型原子力潜水艦[*92]」をインドに貸与したことから、自国にも技術くらい供与してくれるのではないかと期待を募らせたが、実際は難しそうである。

ロシアの対中不信感のみならず、軍事協力をする際には、自国の安全保障のために最新技術は渡さず、一世代前の技術を供与するのが鉄則だからだ。「アクラ型原子力潜水艦」はロシアにとって現役かつ最新型の潜水艦であることから、少なくとも当面はロシアが中国に潜水艦の技術供与をする可能性は極めて低いと言えよう。

†米中の軍事衝突を念頭に置いた防空システム部門

中国の防空システムを考える上で、中国の「接近阻止・領域拒否（A2／AD：Anti-Access／Area Denial）」システムが注目されている。A2／ADシステムという名称は、中国人民解放軍の空・海における戦略で、特に、米中間における軍事衝突の潜在可能性を念頭に構築されたものである。[*93] 中国のこの戦略は、かなりの有効性が確認されており、潜水艦、巡航ミサイル、戦闘爆撃機、および弾道ミサイルなどの防衛システム部門では特に高い評価がなされている。だが、このシステムをさらに改善し、中国の防空網をより堅固にするための唯一の可能性がロシアの技術の援用であるという。

現在、中国の防空システムで欠かせない存在となっているHQ－9（紅旗9）ミサイルは、中国が開発した新世代アクティブレーダーホーミング長距離地対空ミサイルである。ロシアのミサイル[*94]をベースとして、八〇年代に開発が開始され、九〇年代に完成したものだ。誘導システムの開発には一部米国のパトリオットミサイルの技術も取り込まれたと言われる。また、艦船発射型のHHQ－9A（海紅旗9A）が開発され、現在、蘭州級駆逐艦などに装備されているが、性能は陸上発射型とほぼ同じだという。だが、この紅旗9の性能を凌ぐとされているのが、ロシアのS－400「トリウームフ」*95（NATOコードネーム：SA－21「グラウラー」）であり、ロシアで開発された多目標同時交戦能力を持つ超長距離地対空ミサイル・システムである。中国はその導入を目指してきた。S－400は、従来の長射程高射ミサイル・システム（コンプレックス）S－300の改良型として開発がはじめられた*96。ロシア空軍による正式発表は一九九九年一月で、同年二月一二日には初試験（アストラハンのカプースチン・ヤールで行われた）が成功、二〇〇一年の配備が決定した。前身のS－300PM3（C－300ПМ3）もしくはS－300PMU3（C－300ПМу3）をはるかに凌駕し、米国のパトリオットミサイルよりも二倍以上の射程距離があると言われているほか、四〇〇キロ先の六つの目標に対する同時処理能力を有し、高次元の対ステルス戦能力も備えているという。

中国が欲しがる地対空ミサイルの性能

中国はこのS－400地対空ミサイル獲得にこだわった。というのも、S－400は、ロシアの無線、レーダー、ロケット製造、マイクロエレクトロニクス、コンピュータなどの最も先進的な技術をいかんなく利用し、三六〇度全方向カバー能力を持つ新型フェイズドアレイ捜索レーダーと射程がより長い新型ミサイルを装備し、反応速度が速い上に抗妨害能力が強いからである。S-400は、世界一とされる優れた性能を三つも有している。

第一の世界一は、迎撃距離である。最大射程距離は四〇〇キロにおよび、弾道ミサイルを迎撃できる最大距離は五〇~六〇キロと、地対空ミサイルの射程距離で突出している。米国が開発中の戦闘区域高空防御迎撃ミサイルの射程距離は約半分である二〇〇キロにすぎないことを考えれば、驚異的な射程距離である。

第二の世界一は、迎撃機能である。史上初となる機動目標捜索システムと三種の新型ミサイルを採用している。その結果、空中防御任務も非戦略性ミサイルに対する防御任務も果たすことができるだけでなく、各種の作戦機、早期警戒機、戦術ミサイル、その他の正確制御誘導武器にも対応できる。S-400はデータリンクによって連結されているため、作戦ユニットがミサイル制御レーダー基地から遠く離れることをさえ可能にし、迎撃の対応範囲も大幅に拡大した。また、八発のミサイルを一斉発射することができ、同時に四つの標的を狙うことができる。これは、一個大隊のS-400では九六発のミサイルを一斉に射撃でき、同時に四八の目標を同時に迎撃できるということを意味する。S-300PMUI-2の六発に比べて目覚しい進歩であり、多目標に対する交戦能力の向上をもたらした。

第三の世界一は、迎撃層数である。低高度、中高度、高高度、近距離、中距離、遠距離という多様なミサイルをそれぞれ発射できる。この性能によって、ミサイルが相互に補完しあう形で多層の防空火力網を構成できるようになるのだ。

これらの利点は米国のパトリオット地対空ミサイル「PAC－3」や中国の紅旗9A地対空ミサイルの性能をすべての面で凌駕しているとして、中国はS－400の獲得を目指した。だが、ロシアは当初、中国にS－400を販売することを拒否した。最先端の兵器を他国に供与したくないのは至極当然のことであろう。

†ロシアが地対空ミサイルを中国へ売却

二〇一〇年に中国軍はS－400と同じレベルの性能を持つ地対空ミサイルを開発したことを発表したが、それは紅旗19と紅旗26だと考えられている。二種以上の先進的地対空ミサイルを装備すれば、防空対ミサイル能力は一種類の能力を超越したものになる。けれど、中国はその後もS－400にこだわった。というのも、紅旗19と紅旗26は三年以内に明らかに供給が需要に追いつかなくなると考えられたからである。

そしていよいよ、数年にわたって行われていた中露間の交渉が二〇一四年秋に妥結し、ロシアは中国との間にS－400の供給契約を締結した。ロシア紙『ベドモスチ』が伝えたところによると（同年一一月二六日）、ロシア国防輸出（ROE）と中国国防省間で少なくとも六基のS－400供給契約（総額で三〇億ドル強）が調印されたのだという。ロシアの国防産業複合体およびロシア国防省からの情報を引用した報道であった。

この報道についてROEはコメントを控えたが、ロシアの戦略的局面センターのイヴァン・コノヴァロフ所長はS－400が中国南部に配備され、台湾やそれに隣接する係争諸島の上空のコントロールに使用されるのではないかと予想している。もともと、中国がS－400購入を希望した理由として、特に台湾政策で飛躍的に精度を増した対応がとれるということが言われていたことからも、この予想は妥当であると考えられる。

なお、ロシア国防省広報部によれば、ロシア軍はすでに一九基のS－400を配備している。そのうち三基は二〇一四年末の配備と、極めて最近の配備である。ロシアの配備数に比べて、中国の六基というのは、かなりの椀飯振る舞いという見方もできるだろう。

なお余談となるが、二〇一四年、中国人民解放軍のサイバー部隊[*97]がイスラエルの防空システム（世界最高レベルと言われる「アイアンドーム」）をハッキングで破るという事件が起き、翌一五年には、中国が電磁パルス兵器の開発に成功したことが報じられ、日本の防空システムが無力化する可能性が危惧されている。

外国の防空システムを破るための、かなり高い技術を持っていること、ロシアからS－4

00を獲得したことなどの理由から、中国が「空」において存在感を高めることは間違いない。

†ロシア新兵器開発のメルクマール

ところで、中国の脅威を警戒するロシアが、なぜS-400供与を決心したのだろうか。二つの理由がありそうだ。

第一に、二〇一四年のウクライナ危機が背景にあるだろう。前述の通り、中国とウクライナの関係は深い。特に軍事という視点から、中国にとってウクライナとの関係は極めて重要だと言えた。ロシアがウクライナに介入し、軍需工場が集中するウクライナ東部の騒乱を煽ってきたことに、中国は大きな反発を抱いているはずである。

その一方で、ウクライナ危機がほぼロシア対欧米の様相を呈してきた中、中露は「対米」ないし「世界戦略」で共闘してきた関係だから、中国がロシアを批判するわけにもいかない。中国はジレンマに追い込まれたわけだが、結果としては、控えめにロシアを支援するという絶妙なバランス感覚を示した。本章冒頭に示した通り、決議を棄権する、意思表明をしない、欧米の政策を批判するという消極的なものであるが、それでも、ロシアにとってはありがたい。

ロシアは再三にわたり中国の「支援」を称賛してきた。そして、前述のように、中国への天然ガス供与では価格でかなり譲歩して、合意したのである。こうした経緯を合わせて分析すると、世界から孤立するロシアを、仲間として支えてくれた中国へのお礼の一環として、ロシアは中国にS-400を供与する決断をしたと考えられる。

二〇一四年は原油価格が下落し、経済制裁を受けていたロシアが困窮した年である。そのためロシアの決定論理が「戦略的決定」から「現実的な財政的決定」に、少なくとも一時的には変化したということもある(Feng 2015)。

第二に、ロシアの軍事計画においてS-400は、将来的にはS-500シリーズに代替される計画となっていたことがある。二〇一二年に完成予定とされていたS-500の開発はかなり遅れたが、一七年四月頃からテストが始まっており、実戦配備については二〇年あたりになるのではないかという説がある。S-500はS-400の単なるアップグレード版ではなく、「新世代地対空ミサイル」「超音速兵器」であり、新しい性能が付与されるという。

外国への兵器供与は、自国のものよりレベルを落として行うという原則に照らしてみれば、中国へのS-400供与は、ロシアのS-500開発にとって重要なメルクマールだったのではないかと思われる。つまり、すでにS-500はかなり完成に近づいていたのではないだろうか。

†ロシアの弾道ミサイル「イスカンデル」

中国の弾道ミサイル技術はここ二〇年で飛躍的な進歩を遂げ、米露のレベルにかなり近づいた。とはいえ、中国は短距離弾道ミサイル、長距離弾道ミサイルの双方において、ロシアから獲得したい技術がまだたくさんある。中国が導入したがっているのが、ロシアの「イスカンデル」である。

イスカンデルは、ソ連時代から長きにわたって開発が進められ、今現在も改良が進められている弾道ミサイルである。ソ連時代には、一九六〇年代に大量配備した戦域弾道ミサイル複合9K72「エリブルース」に代わるものとして、八〇年代初頭からは9K714「オカー」を配備していたが、「オカー」は八七年に米ソ間で締結されたINF条約（中距離核戦力全廃条約＝Intermediate-Range Nuclear Forces Treaty）に抵触することとなったため、新しいミサイルの開発・生産を行わざるをえなくなった。

そうして、一九八九年に射程距離が短い9K79-1「トーチカU」が実用化されたが、「オカー」の機能を補うために長い射程距離をもつ非核型ミサイルの開発も必要となった。[*98] ソ連時代には完成しなかったが、ソ連解体を経てもロシアは、新型戦域弾道ミサイルの開発を進めた。その新型戦域弾道ミサイルこそが9K720「イスカンデル」である。[*99] 短距離・固体燃料推進・移動式・戦域弾道ミサイル複合として世界の注目を浴びた。

「イスカンデル」は中距離核戦力全廃条約による規制に対応可能な戦術ミサイル・システムで、

標的が移動中でも静止中でも、通常弾頭を使い分けて最適な弾頭を発射できる。少なくとも理論上は、すべてのレベルのシステムを壊滅させることが可能であるため、敵を弱体化させる上で大きな力を発揮すると考えられている。しかも、「イスカンデル」は敵の妨害システムの影響を極力排除して稼働できるだけでなく、機動性が高く、壊れにくく、操作が容易であるという利点があることから、戦術的に極めて優れたパフォーマンスを発揮できる。

「イスカンデル」の通常弾頭は、クラスター爆弾弾頭、燃料気化爆弾弾頭、威力増大型弾頭、バンカーバスター用の地中貫通弾頭、対レーダー作戦用の電磁パルス弾頭など、かなり多様なタイプからなる。

「イスカンデル」は次第に発展を遂げ、二〇一八年現在で、三つのタイプ「イスカンデルE」、「イスカンデルM」、「イスカンデルK」が実働している。*100 このうち中国が導入を願っているのは、イスカンデルの初期版である「イスカンデルE」である。「イスカンデルE」は最新機種ではないため、中国が供給を受ける可能性は確かにある。

現在、イスカンデルを配備しているのはロシアだけであるが、将来的にはいくつかの国々へ「イスカンデルE」を供給する可能性があるとみられている。実際に供給の議論が行われたのはベラルーシとシリアであるが、シリアについては交渉相手が、現在内戦の渦中にあるバッシャール・アル＝アサド大統領であったことを考えると、とりあえず話が流れたものとして考えても間違いにはならないだろう。シリア内戦では、シリア政府側が主にソ連時代の旧型の兵器で戦っていることも話題になっているほどだ。

ロシア国営兵器輸出企業ロスオボロンエクスポルト社は、中国以外にもアラブ首長国連邦、マレーシア、インドが関心を持ち、またアルジェリア、クウェート、シンガポール、ベトナム、韓国に、輸出する可能性があると表明している。「イスカンデルE」は今後、中国をはじめ、多数の国に供給される可能性もあるということだが、逆に言えば、新型の「イスカンデルM」「イスカンデルK」については、中国はもちろん、外国に供与される可能性はほぼないと言って良いだろう。

†貿易額ではかれない中露の軍事協力

軍事産業はロシアの経済を支える一つの主柱であり、ロシアにとって、兵器の輸出は重要な資金源である。だが、中国が開発費も大幅に節約できる「コピー品」を大量生産して国際市場で格安で売った場合、ロシアの「正規品」に勝ち目はなくなる。だからこそ、ロシアは（インドなどとは行う）軍事技術協力を中国と行うことを拒否しているだけでなく、高度な兵器を供給することにもおよび腰なのである。

このような状況の中、中国は虚勢を張っているとしか思えない発言をするようになってきた。

中国は自己開発力を高め、もはやロシアの軍事技術を凌駕している、ロシアの軍事技術は不要だというのだが、実際は、中国の技術だけでは自身が満足のいくレベルの軍事力を到底得ることができず、やはりロシアに頼らざるを得ないのが実情だ。

前述のようにロシアの軍事輸出先の第一位は圧倒的に中国である。さまざまな前提はもちろんあるにせよ、両国の軍事協力関係が深い事は間違いない。ただ、その協力内容が「質より量」であることに留意すべきであろう。ロシアは高い質、すなわち最先端の兵器の供与は基本的に行わない。もちろん、対米戦略と天秤にかけて、中国の要求を聞き入れている部分もあるが、両国間の軍事協力の実態は、ロシア側が最先端ではない兵器を大量に輸出しているからこそ、中国が軍需製品の顧客の第一位となっていると考えられる。単に金額だけで両国の軍事協力関係を考えることは、現実を理解する上で危険だと言えるだろう。

だが、ロシアは前述のように、二〇一四年頃から中国に対して、防衛装備技術協力で譲歩を見せるようになった。中国が望む形での兵器や技術の供与を始めたのである。ロシアと中国の防衛装備技術協力がまさにその頃から、新しい段階に入ったのは間違いないだろう。ロシアと中国は軍事演習をたびたび行っており、多面的な軍事協力が繰り広げられている。兵器についても、より多く売っていきたいというのがロシアの本音であろう。

今は、国際情勢も変動しつつある時代だ。米国とロシアの関係がより厳しくなっていく中、ロシアと中国の防衛装備技術協力のあり方も、より一層深まる可能性が高い。

†経済制裁も力にするプーチン

ところで、ウクライナ危機を契機に、米国主導で欧米の多くの国が対露経済制裁に参加しているが、その対露制裁、実は、効果が出ていないどころか、米国の世界経済戦略を脅かす結果すら生んでいる側面もある。最近では制裁および対抗措置により、むしろ制裁参加国が被害を受けているという論調も珍しくない。

まず、対露制裁とロシアによる対抗措置により、ロシアと深い通商関係にあった国が大きな経済損失を受けることになった。主導している米国はロシアとそれほど通商がなかったため経済的影響はほとんどなかったが、北欧、バルト三国、東欧諸国などは大きな損失を被ることとなった。反露意識がきわめて強いバルト三国やポーランドなどはロシアに厳しい姿勢を貫いているものの、むしろロシアに友好的なハンガリーなどでは制裁への反発も大きい。

また、米国も政治的には被害を被ったと考えられる。米国は冷戦後にロシアを含む旧共産国を取り込んで、グローバルな政治経済システムを構築しようとしてきた。ところが、ロシアに通商・金融面で制裁を科すと、グローバルな政治経済システムから締め出すことになり、結果、米国は冷戦後の努力をみすみす無駄にしているとも言える。加えて、米国主導のグローバルな金融システムに組み込まれると、何かあったときに制裁を受けて大きな被害になる、と他の国々が考えてしまい、戦略的に警戒するようになる。

ロシアの離脱のみならず、さらに多くのアクターが米国主導の政治経済システムに背を向け、行き詰まる可能性が高くなるのだ。このことが、米国の要請にもかかわらず英国はじめ、多くの国々が中国主導のAIIBに加盟してしまった理由の一つになっていることは間違いない。

また、経済制裁のターゲットは主にプーチンの取り巻き、国営企業やその関連企業であったが制裁対象が拡大している。経済制裁はターゲットにのみ効果があるわけではない。その影響は独立系の民間企業にもドミノ式に及ぶ。そのダメージはロシアの民間経済のみならず、グローバルな政治経済システムにとっても深刻である。なぜなら、独立系の民間企業は欧米との取引や関係の強化を目指していたわけで、制裁はそのようなロシアの一般人が興した優良企業にも大きな打撃を与えることとなり、それはさらに欧米が制裁の対象としていないロシアの一般人の経済グローバル化にも悪影響になる。

制裁はロシア国民の反欧米意識を高め、ひいてはプーチン人気を高めることにもつながってきた。

実は、ロシア経済の悪化はウクライナ危機の前から予測されていたことであった。仮にウクライナ危機が起こらなかったとしても、おそらくロシア経済は落ち込んでいたと想定されていたのだが、もしそうなっていれば、プーチンの失策として批判が高まっていたことだろう。だが、欧米による経済制裁が発動されたことにより、政権は経済の悪化をすべて欧米のせいにすることができるようになった。インテリ層は別としても、国民の多くは経済悪化の不満を欧米に向ける傾向が強まり、その結果、国民の愛国心は高まった。

ウクライナ問題で強気の姿勢を崩さず、欧米と対峙するプーチンがますます尊敬の対象になり、プーチンの支持率向上に貢献したと考えられるのである。プーチンの支持率はクリミア併合以後、八割以上を維持してきた。クリミア併合がその大きなカンフル剤となったのは間違いないが、その熱気が冷めてきた頃にプーチンが経済難による国民の不満を米国に振り向けることができたことが、高支持率維持にきわめて大きく貢献していることもまた事実である。

加えて、この制裁がロシアの経済システムを根本的に改善するきっかけとなる可能性もある。ロシアは制裁および自らが発動した報復措置により、トルコ、南米、中国などからの輸入代替を強化する一方、国内生産の充実と自給率の拡大を推進している。これまで輸入に大きく依存していたチーズなどの乳製品や野菜などが広くロシアで作られるようになり、ロシア国内の産業も軌道に乗りつつある。地方も活性化され、喜ぶ農民や畜産業者も少なくないという。

さらに、経済システムの効率化によりかねてより問題となっていた国内の汚職廃絶をも成功に導けるかもしれない。汚職廃絶のアクションは、成否にかかわらず、政権に対する好印象を生む。そのプロセスでは、国民が痛みを伴うこととなるが、国民はその痛みも欧米のせいだと感じて耐える可能性が高くなるのだ。もし国内経済の立て直しが、国内自給率拡大や汚職廃絶を伴う形で成功すれば、プーチンの歴史的偉業となってしまうだろう。

†ルーブルの下落でもロシアにメリット

さらに、ルーブル暴落がむしろロシアにとってメリットとなっているという議論すらある。表8を見ていただきたい。原油価格とルーブルレートは実に綺麗に連動しているように見える。ロシアのエネルギー収入は外貨であるため、いくら原油価格が下落しても、それと近い率でルーブルレートが下がれば、国内に流通するルーブルは目減りしないということになる。そのため、ルーブル下落はロシア中央銀行が関与していると主張するエコノミストもいるのである。

このように、国内のルーブルが温存されている以上、ルーブル下落で痛い思いをするのは、海外旅行に行く者や輸入業者、外貨を所有する者のみだということになる。一連の制裁により、モノ不足、インフレなど、多くの国民が経済問題で打撃を受けているが、このように考えれば、ロシア国内でルーブルのみを用いて生活する以上、極端な打撃を受けることは避けられる。

さらに、この状況は先述のように、国内自給率拡大や汚職廃絶にも貢献しうる。ルーブルで経済を回すことになるので、国内産業振興を促進するだけでなく、内需を高め、海外依存率も下がることから、自立性の確保にも役立つだろう。また、海外に巨額の富を確保している財閥や富裕層には打撃になる一方、彼らがロシア国内にルーブルを戻すインセンティブにもなり、マネーロンダリングをはじめとした国際的な汚職廃絶にも役立つ可能性があるのである。

このように、制裁は、欧米が目指してきたグローバルな政治経済システムを破壊する一方、プーチン政権に利点すら提供していることになりうるのだ。

表8　ロシア・ルーブルレートと石油価格

ブルームバーグ U.S.Global Investors

そのような中、中国の存在が、米国の思惑をさらに邪魔している。ロシアはかねてより、欧米の対露制裁は無意味であると発言してきたが、二〇一四年一二月には、王毅外務大臣は「ロシアは危機を乗り越える力がある」として、必要であれば中国は可能な限りの支援を行うと主張したし、高虎城商務相はルーブル危機にもかかわらず、両国間の貿易は一〇〇〇億ドルの目標を実現するだろうと予測した。

また、前述の通りロシアの価格面での譲歩があったと報じられているとはいえ、二〇一四年に中国がロシア・ガス購入の四〇〇〇億ドル、三〇年の契約に署名したことや、李克強、ドミトリー・メドヴェージェフの中露両首相が、カザフスタンにおける会談で鉄道、インフラ、および、中国北部にあるロシアの極東地域開発に関する広範囲な契約に調印したことなども注目される。また、中国側は、借款やロシア国内へのインフラ投資を大きな規模で行う用意があることも表明している。こうした動きは、明らかに欧米の対露制裁の効果を減じうるものであり、米国をさらにジレンマに追いやることにもなってきたのである。

†「離婚なき便宜的結婚」

ここまで説明してきたような現状から、中露関係は「離婚なき便宜的結婚」と呼ばれてきたのである。つまり中露の利害が一致するのは、共に反米であり、多極的世界の維持を目指している点である。軍事やエネルギーなどの経済的実利でも協力関係にある。一方、上海協力機構やBRICSでは、対外的には協調関係を強調しつつも、内部ではそれぞれ勢力圏争いを展開しており、良好な関係とは言い難い。

中露が相反するのは、両国が主導したい影響圏(旧ソ連、東欧、北極圏)である。地政学的戦略が重なっていることが主な原因で、中央アジアにおける双方の戦略的意義は極めて大きい。

中露関係の「蜜月」とは、利害が一致する部分と相反する部分の両面を持つジレンマを抱えた関係である。

「離婚なき便宜的結婚」状態にある両国は決別することがありえなくても、軍事同盟に発展することも考えられない。相互に不信感を抱いているが、特にロシアは対中不信が強い。軍事技術を中国が模倣することから、ロシアは軍事協力にずっとおよび腰だった。北方領土についても、日露の歴史問題や日米安保の問題だけでなく、対中国拠点としてロシアは重要視している側面を忘れるべきではない。このように、中露は相互に不信感を持ってはいるものの、実利的要素と対米政策という観点から、「戦略的パートナーシップ」を組んでいるというのが実情だ。

さらに言えば、ロシアにとって、中露の戦略的パートナーシップの本質は「安心供与（reassurance）」ということができる。かつては軍事力を強化することで安全保障を図った。しかし、このやり方では軍事費が増大し、国力には悪影響を与えてしまうことを冷戦時代に学んだ。そこで、少し矛盾する考え方だが、相手国に安心を確信

図5　中露関係俯瞰図

中露関係＝「離婚なき便宜的結婚」	
利害の一致	・反米、多極的世界の維持 ・経済的実利 （軍事、エネルギーにおいて）
微妙な関係	・上海協力機構やBRICSでの表面的な協調と内部での勢力争い ・天然ガス取引価格
相反する関係	・地政学的戦略 （ロシアの勢力圏を侵害する中国） ・軍事技術などロシアの知的財産を中国が侵害

筆者作成

させる政治的方策をとることで、自国の安全を確保するという戦略「安心供与」が目指されるようになった。

つまり、潜在的に軍事的不信感があるからこそ、協調的な政治的関係を維持していくという一見矛盾するアプローチで中露関係を維持しているのである。二〇一四年のウクライナ危機以降、中露の戦略的パートナーシップは歴史的に最高水準にあるとされている。

しかし近年、これまでロシアでタブーとされてきた「中国脅威論」について、プーチンや有識者たちも言及するようになった。「離婚なき便宜的結婚」といっても、中露は決して盤石ではなく、脆弱な関係と言わざるをえない。

†勢いづくユーラシア・プロジェクト

中露の協力関係を考える上で、現在、重要な鍵を握っていると思われるのが、両国が主導権を争っている上海協力機構（SCO）である。特にSCOは二〇一二年から反米および軍事的な性格を増しており、それとともにSCO内での中露関係も緊張してきた感がある。SCOで特に紛糾したのが一二年の首脳会談で表面化したパキスタンとインドの加盟問題、アフガニスタンの安全保障問題であった。そのサミットの際には、正規加盟国に加えてイラン、パキスタン、インドなどもオブザーバーとして参加し、アフガニスタンもゲスト参加していた（その際に、オブザーバーに昇格した）。

インドとパキスタンは、元来、緊張関係にあったが、ロシアがインドを、中国がパキスタンをSCOに加盟させようとしたため、中露間でも緊張が走った[*101]。

当時、胡錦濤は、予定されていたアフガニスタンからの米軍撤退後、アフガニスタンの平和維持はSCOが行うと何の予告もなしに宣言したのだが、実は、その前にプーチンとウズベキスタンの故イスラム・カリモフ大統領は、両国が共同でアフガニスタンの安定を維持することで合意していたため、プーチンは不快感を隠さなかったという。

SCOの内側は決して一枚岩ではないのだが、やはり対米政策では利害を共有しているため、国際レベルの軍事活動では比較的協力関係が維持しやすいのもまた事実だ。そのため、近年、共同軍事演習などが熱心に行われており、SCOがNATOに匹敵する勢力になるのではないかと主張する論者すら出てきた。EU加盟がほぼ絶望的になったトルコが、近年SCOへの関心を深めていることも、そのような危惧を助長している。SCOが加盟国を増やし、さらにロシアが主導する集団安全保障条約機構（CSTO）と合同すれば、NATOに比肩する軍事規模を持つようになるかもしれない。

だが、やはり中露関係の論理から、SCOとCSTOの協力は難しそうだ。実は、ロシアはSCOとCSTOの協調を望んでいるが、中国はロシアと指導力争いをしているSCOにロシアが主導するCSTOが加われば、ロシアの立場が圧倒的に強くなることを警戒し、その動きを阻止するはずだと考えられている。SCOの動きを見ても、中露関係はやはり単純には捉えられないことが改めてわかるだろう。

中露が共に自国の計画を成功させ、共存共栄する道はあるのだろうか。実はユーラシア地域には、中露主導ではない多くのプロジェクトがある。主要なものだけ概観しておこう。

EUが主導する、「欧州・コーカサス・アジア輸送回廊」（TRACECA、Transport Corridor Europe-Caucasus-Asia）は、中央アジアから欧州に至るまでの輸送回廊を構築する計画で、一九九三年から進められている。

「アジアハイウェイ」というプロジェクトもある。アジア三二カ国の既存の高速道路を結んで、現代版シルクロードを構築しようという試みである。一九五九年に提唱されたが、実際に動き出したのは二〇〇五年くらいからであり、八本の主要幹線ルートを基盤にアジアが道路でつながるという計画だ。

タジキスタンが呼びかけたCASA－1000（Central Asia and South Asia-1000）というプロジェクトもある。これは中央アジアと東南アジアを結ぶ水力発電のエネルギー網をつくり、電力の需要ピーク時なども相互のやりくりで乗り切ろうとする計画だ。実現には総額一二億ドルかかると想定されるが、世界銀行と米国国際開発庁、アジア開発銀行などが資金援助をしており、順調に進んでいる。

日本の「自由と繁栄の弧」というプロジェクトもある。普遍的な価値「自由の輪」を重視する日本が、ユーラシア大陸に沿ってその輪を広げて、地域の安定と繁栄を支援することで、「自由と繁栄の弧」の形成を目指すものだ。二〇〇六年一一月に麻生太郎外務大臣(当時)が提案したものであり、安倍晋三内閣の「地球儀を俯瞰する外交」の主柱にもなったとされる。

このように、中露が主導しないユーラシアのプロジェクトは多々ある。競合や対立ではなく、中露のメガプロジェクトとも有機的に協力できれば、より合理的に結果を生み出せるのではないかと考える。

「中露の偽装蜜月」とチャイナマネー

中露関係については、「蜜月は偽装されたものであり、その賞味期限はいつまでか」ということを常に考える必要がある。今後の動向を最も左右するのは、双方の損得勘定と国際状況、国内事情になる。特に、エネルギー価格とウクライナ情勢、制裁と報復措置の趨勢、およびロシアの経済状況が鍵となる。もちろん、中国の経済状況も重要な要素であろう。

現在の中露の内政は、共に権威主義の上に成り立っている。国際関係以前に、国内の乱れこそ国家存亡の危機であり、国内システムの安定も極めて重要な要件となる。

ロシアにとっては、中国の「ジュニア・パートナー」に成り下がらないということも重要なのだが、チャイナマネーの力によって、実はもうジュニア・パートナーになってしまっているのだという諦めの声も、最近ではよく聞くようになった。

二〇一七年現在、ロシアは中国にとって最大の原油供給国となっている。[*102] 中国税関当局が発表した一七年六月のロシアからの原油輸入量は五二二万トンにおよび、それは前年同月比で二七％増であった。

中国経済のロシアへの浸透の度合いも凄まじい。制裁によって欧米からのロシア観光が大幅に減っていることも大きな要因であるが、増加する中国人旅行者は、ロシアにとって最大の観光収入源である。筆者がロシアに行った二〇一七年六月に、キリル文字の次に目立つのが、中国語表示であった。観光パンフレットもレストランのメニューも、外国語表記の中では圧倒的に中国語が多かった印象である。

また、中国の銀聯《ぎんれん》カードの流通度にも驚かされる。銀聯カードが近々ロシア全域の八割を網羅することになるという報道もある。現状でも、インターネットやスマートフォン決済を含め、かなり広く、ロシア人の間で銀聯カード使用者が増えている。一八年二月現在、ロシアの一〇以上の現地銀行で累計一三〇万枚の銀聯カードが発行され、さらにロシアで発行されたカードが一六〇以上の国や地域で使われている[*103]というが、さらなる関係深化が起こるというのである。

銀聯国際とロシア第二の銀行VTB24銀行[*104]が業務提携を深める結果、VTB24銀行の全ATM（一二万台）のPOS端末で銀聯カードが使用可能になり、ロシアのほとんどの小売店舗で中国銀聯のモバイル決済サービス「雲閃付（Quick Pass）」が運用されるようになるからである。観光客がカード払いをしやすくなるだけでなく、ロシアの地元住民の銀聯カードの使用促進にもつながると考えられており、ロシア、中国双方が経済効果に期待を高めている。

さらに旧ソ連のタジキスタンおよびカザフスタンで発行された銀聯カードの取引額は一七年に約五〇％増加した。ロシア国内と旧ソ連地域に広がるチャイナマネーの規模は当面拡大の一途を辿りそうである。

第五章

世界のリバランスと日本の進むべき道

†狭間の政治学

ユーラシアの小国は欧米とロシアの狭間にある「狭間の国家」であり、大国間のバランスをとる必要がある。そのバランシングに失敗すると、大きな懲罰を受けてきた。

顕著な例が、旧ソ連諸国だ。ロシアの勢力圏から抜け出そうと欧米への接近を図ったがために、大きな懲罰を受けたのが、ジョージアでありウクライナであった。モルドヴァもその一例だと言えよう。反対にロシアの顔色ばかり見て、親欧米という本心を隠してきたアルメニアのような国もある。アゼルバイジャンのように天然資源など経済リソースを持つ場合は、外交的な自由度をかなり獲得でき、バランスをとることも容易になるが、経済リソースを持たない狭間の国の場合は、その政治的安定度は極めて低くなる。「狭間の政治学」の難しさが近年、如実に明らかになった一方、狭間の国々を見ることで、世界全体が見えるということもはっきりとわかってきた。旧ソ連諸国をめぐる政治は、国際政治の縮図だとも言えるのである。「狭間の政治学」を実践することを余儀なくされてきたジョージアやウクライナの近年の出来事には、必ず背後に欧米とロシアの対立関係が見てとれ、最近では、新たなプレイヤーとして中国の存在感が高まりつつある。つまり、ジョージアやウクライナという小国の政治をじっくり見ることで、世界政治を理解できるのである。

狭間の政治学は連動する。たとえば、旧ユーゴスラビアのコソヴォ（二〇〇八年二月に独立宣言）に対する欧米諸国による国家承認プロセスは、明らかにロシアを刺激し、結果、ジョージアやウクライナ情勢に連動した。また、狭間地域の「革命」の背景には「革命」の輸出があった。セルビアのスロボダン・ミロシェヴィッチ元大統領を追放したオトポールが、旧ソ連の「カラー革命」に「革命」の輸出をし、それらすべてに欧米の、特に米国の経済的、技術的支援があった。そして「カラー革命」の影響は、アラブの春にもつながった。

「狭間の政治」が大きく変動するのは、大国のパワーが相対的に弱まっている時期に重なる傾向が強いということも言えそうだ。ともあれ、ユーラシアの小国の外交・内政を考える上では、

「狭間の政治学」の観点が不可欠である。

地理的に欧州とロシアの狭間に位置し、政治的には米国の要素も加わって、欧米とロシアの間で、どちらに接近するかの選択を常に迫られ、選択によってさまざまな制約や試練を甘受せねばならなくなる。主権国家でありながら、政治的な自由が制限されてきた旧ソ連諸国の独立後の政治動向は極めて興味深い。

†日本も「狭間」の図式が当てはまる

日本にも、この図式を当てはめることは全面的ではないが可能だといえるだろう。日本は日米安全保障条約に基づき、外交で米国に追従することを余儀なくされている。その一方で、隣国ロシア（ソ連）と北方領土問題を解決し、関係も向上させたい。だが、米露関係が緊張している以上、ロシアとの接近は極めて困難になる。

たとえば、冷戦期には、日本は西側陣営の一員として、ソ連とは厳しい関係にならざるをえなかった。米国の意に背く政治決定を行うことはできなかった。その最たる例が、冷戦時代の「二島返還」をめぐる議論である。それは、歯舞《はぼまい》群島・色丹《しこたん》島を、ひとまず日本側に返還させ、残った択捉《えとろふ》・国後《くなしり》の両島については、両国の継続協議とするもので、日ソ間の外交関係が復活した一九五六年に鳩山一郎首相、河野一郎農相とニキータ・フルシチョフ第一書記、ニコライ・ブルガーニン首相が行った日ソ共同宣言で、平和条約締結後の二島返還に同意した。しかし、国内の四島返還論者が反対しただけでなく、冷戦を背景として、いわゆる「ダレスの恫喝」[*105]に代表される米国の強い圧力があったため、平和条約締結には至らなかったと言われてきた。なぜなら米国は、日本とソ連が北方領土問題で妥結し、平和条約を結ぶことを阻止したかったからだという。ただし、最近の研究には、米国からの圧力はなかったと結論するものもあり、いまだに論争的な問題であるのも事実だ。

最近の例では、ウクライナ危機の際に、対露制裁への参加を余儀なくされたことがある。この事例では、日本は対米関係のみならず、G7メンバーとして欧州諸国との関係をも考慮して、やむなく断腸の思いで、しかしロシアへの配慮から「軽微な形で」制裁を行使したという経緯がある。この点は詳細に追ってみよう。

ロシアがクリミアを編入してから、欧米諸国は段階的に対露制裁を強化してきた。クリミア編入当初の欧米の制裁は極めて軽微だった。その理由は、ロシアのクリミア編入を諸外国がある程度黙認しており、また今後ロシアがウクライナに軍事介入をする場合などにより強い制裁カードを保持しておくためと考えられた。

米国が対露経済制裁を推進する一方、欧州諸国はロシアとの政治的・経済的関係が深いので制裁に消極的であり、また日本はその時点までに安倍首相がプーチン大統領と五回もの直接会談を積み上げてきていたので制裁にはおよび腰だった。しかも二〇一四年中にプーチン大統領の訪日まで予定されていた。日露首脳間の個人的信頼関係の構築から北方領土問題の解決を目指してきた日本は、せっかく温めてきた良好な関係を崩したくなかったのだ。

G7メンバーとして共同歩調をとる中で、二〇一四年三月一八日に日本が発動した対露制裁は、ビザ緩和の協議停止、投資や宇宙開発や危険な軍事活動防止という三つの協定に関する協議の凍結という極めて軽微なものであった。そのタイミングで、安倍首相に対して心を開かなかったオバマ米大統領が訪日する(四月二三〜二五日)。日米首脳の協議はTPP問題など多岐にわたったが、ウクライナ問題での協力要請も大きな目的だったことは間違いない。

ウクライナ東部の情勢悪化を受け、米国は段階的に制裁レベルを上げ、EUも遠慮がちに制裁規模を広げていった。日本はオバマ大統領訪日直後の四月二九日と八月五日に追加制裁措置をとった。

四月二九日の追加制裁は、明らかにオバマ大統領訪日を受けてのものだと考えて良いだろう。その内容は、「ウクライナの主権と領土の一体性の侵害に関与したと判断される計二三名に対し、日本への入国査証の発給を当分の間停止」するというものであった。三月の制裁発動の際には、日本に好意的だったロシアが、四月の制裁には失望を表明し、対抗措置をとる構えを見せた。この際、ロシア側が強調したのは、日本が外部からの圧力によって制裁措置をとったことに対する不快感だ。つまり、三月には、日本が「米国追従外交をやめた」と評価していたのだが、四月にはやはり米国追従外交に戻ったことを批判しているのである。

それでも日本がロシアとの関係を壊したくないという苦悩の中で制裁をしていることはプーチンもよく理解していたと考えられる。それが二〇一四年五月二四日のプーチンの発言に表れていると言えそうだ。

プーチンは日本へのメッセージとして、①ロシアは四島すべてを対象に平和条約交渉を行なう、②最終的な解決案はまだなく、困難で複雑な交渉を共に行なっていく中で生まれる、③相互の利益を損なわず、共に敗者とならない引き分けのような解決を模索する、④日本の制裁には驚愕し、日本に交渉の意思があるのか疑念をもつ、という四つの内容を示した。

ここからは、日本に対する牽制のメッセージと同時に、北方領土四島すべてを交渉の対象とし、前向きに妥協点を模索していくプーチンの意向が見てとれる。

†狭間の国のジレンマ

日本も、この時点では、二〇一四年秋に予定されていたプーチン大統領の訪日（結局、一六年一二月まで延期となった）を決行して交渉を進める姿勢を示し、谷内《やち》正太郎国家安全保障局長をロシアに訪問させるなど、日露関係の糸をつなぐ努力をし続けたのだった。

だが、七月にウクライナ東部でマレーシア機撃墜事件が発生すると、欧米のロシアに対する批判はさらなる高まりを見せる。特に、これまでEUは対露制裁におよび腰であったが、オランダ発のマレーシア機の撃墜事件ではオランダを中心に多くのEU市民が犠牲となったため、EUもロシアへの態度を硬化させたのだった。こうして、米国とEUは対露制裁で共同歩調をとることで合意し、米国が七月二九日、EUが同三一日に大規模な制裁を発動した。

新たな制裁では、ロシアの基幹産業であるエネルギー、防衛、金融セクターを標的とし、ロシアのエネルギーセクターへの特定の物品・技術の輸出を禁止するのみならず、制裁対象の銀行や防衛関連企業を拡大するとともに、対露輸出促進のために設けられていた信用保証やロシアの経済開発プロジェクトへの融資を停止した。また、制裁に同調するように第三国にも働きかけが行なわれた。この追加制裁がロシアに与えるダメージは甚大であった。一般市民も海外旅行先でホテルやフライトの予約が取り消されるなど、混乱が広がっていった。

日本もG7メンバーとして追加制裁に踏み切らざるを得なかった。八月五日に発動された対露追加制裁の内容は、クリミア編入やウクライナ東部の混乱に関わったとされるヴィクトル・ヤヌコーヴィチ前大統領や「クリミア共和国」と東部親露派の「ドネツク人民共和国」の指導者など四〇人の資産凍結とクリミア産品の輸入規制を設けるなどクリミアの二企業に対する制裁であった。だが対露追加制裁は、G7メンバーとしての責任を果たさねばならない一方、ロシアとの関係を維持し続けたい日本にとって苦渋の選択であった。そのために、ロシア政府高官やプーチンに近い人物などを制裁の対象から外すなど、欧米の制裁内容と比べるとかなり軽微な内容となっており、ロシアへの配慮が見てとれる。

日本の追加制裁に、ロシア外務省は反発を示し、調整が進んでいた北方領土問題を議題とする日露次官級協議を延期すると発表した。このことは、秋に予定されていたプーチン大統領の訪日が不可能になったことも意味する。四月の予定が延期となっていた岸田文雄外相（当時）の訪露も実現していない中、プーチンの訪日が実現するはずがないからだ。ロシア側は、プーチン大統領訪日の前提条件として岸田外相の訪露を掲げた。しかし、岸田外相が訪露すれば、欧米から大きな反発を招くのは必至だった。ウクライナ問題が北方領土問題に悪影響を及ぼすという、日本が何としても避けたかったシナリオが実現してしまったのだった。

他方、日本はロシアからも対米関係で圧力を受けてきた。たとえば、二〇一六年には、北方領土問題の打開が期待されたが、年末にはロシアが姿勢を硬化させ、北方領土問題解決の大きな障害となっているのが日米同盟であることを突きつけた。ロシアとしては、仮に北方領土を日本に返還したとして、ロシアに極めて近い場所で米軍が展開する可能性を危惧し、その可能性がある限り北方領土返還交渉には応じられないという姿勢を明確に示したのである。

このように、日本は明らかに欧米・ロシアの間の「狭間の国」であり、その「狭間の政治」

は北方領土問題で特に顕著に見られる。ロシアと欧米の関係が緊張していればしているほど、日本は「狭間の政治」の自由度を失うことになる。逆に言えば、日本が「狭間の政治」から脱する可能性があるとすれば、それは欧米とロシアの関係が改善し、両者間に信頼が醸成されていく状況が生まれた時であろう。それが実現しない限り、日本も旧ソ連諸国のように、欧米・ロシアの間でジレンマに苛まれながら外交をしていくことになる。

ただし、日本がいくら「狭間の国」的な性格を持っていると言っても、ユーラシア大陸の小国とは大きな違いがあり、同じレベルで考えてはならない。

まず、地政学的な条件が決定的に異なる。日本は島国であるが、ユーラシアは大陸であり、軍事的な攻撃を受ける可能性が常に高いだけでなく、民族問題、宗教問題、政治問題など紛争の火種も多い、すなわち大国が関与してくるファクターがかなり多いということである。ロシアによるハイブリッド戦争に対する警戒もロシアと国境を接している国ほど強くなる。ロシアが関わる軍事演習が行われるたびに、近隣諸国がその後の展開に大きな脅威を覚え、動向を警戒しながら注視しているのも事実だ。

日本は米露の影響を受けざるをえないと言っても、小国ではないことも重要だ。日本が経済大国であることに異論はなく、実際、G7メンバーだ。世界に対する発信力、影響力は決して小さくはなく、その点もユーラシアの小国よりずっと恵まれていると言えるだろう。

つまり、共に「狭間の国」の性格は持っていると言っても、日本とユーラシア大陸の国々では、受ける影響の度合いがまったく違うということは強調しておきたい。

それでも、日本が国際政治に翻弄されているのは間違いなく、特に大国の首脳が誰になるか、どういう政策をとるかは極めて重要である。日本経済のために世界に市場を確保すること、食料自給率が下がっている中で重要産品の輸入元の多角化も求められており、国際社会との良好な関係なくしては日本の安全、安定は確保できない。だが、近年の世界は激変しており、大国ですら臨機応変な政策の軌道修正が求められることが増えている。

†リバランスとピボット

大国の軌道修正と密接に関わるのが、近年よく聞かれるようになった「リバランス」や「ピボット」である。

「リバランス」とは再均衡の意味である。米国がこれまでとっていた外交戦略を修正し、アジア・太平洋地域に重点領域を変更する軍事安全保障・外交政策をさす。アジア・太平洋地域が米国外交における最優先事項の一つであると、バラク・オバマ米大統領(当時)が、二〇一一年一一月に宣言したことを契機に、米軍の再編成や外交戦略の変更などによって具現化されていった。特に、日本、韓国、オーストラリアなどの同盟国との関係を再強化し、軍備を最適に再配分することによって、効果的で合理的なプレゼンスを目指すことに重点が置かれた。

リバランスとともに、オバマ政権が頻繁に用いた単語が「ピボット」である。外交・安全保障の軸足をシフトさせる政策であり、「アジアへの回帰政策（Pivot to Asia)」という文脈で使われた。

ピボットは、もともとは、スポーツや数学、物理学などで用いられていた単語で、回転軸・旋回軸などという意味である。それが国際政治の分野で用いられるようになったのは、英国の地理学者で地政学の事実上の開祖とも言われるハルフォード・マッキンダーが先駆けだと考えられているが、[*106] オバマ政権のピボットの考え方は、米国の地政学者、ニコラス・スパイクマンにその源流を見ることができるという。[*107] マッキンダーもスパイクマンも、地政学の大家であり、このことからも、最近の外交戦略が地政学的な思考を色濃く帯びていることは明白だろう。

つまり、リバランスとピボットはほぼ同義であり、オバマ外交の支柱をなしていたと言えるが、それらを体現していたのは何も米国だけではない。本書の第二、三章でロシアの東進、中国の西進を扱ったように、ロシアもアジアに軸足を移し、中国もユーラシアの西方への影響力拡大を進めていったのが近年の国際的な流れだったのである。このことから、リバランスは何も米国独自のものではなく、世界全体がリバランスしていると考えられるであろう。

†新しいパワーバランスの時代へ

世界規模のリバランスは当然の流れとも言える。世界は大国の勢力バランスによって成り立ってきた。それまでの勢力バランスが崩れる、ないし、時代に見合わなくなってきたからこそ、ある国がリバランスによって新たなバランスをとろうとし、それによって世界のバランスがズレるので、別の国もまたバランスをとろうとするのは当然の流れだ。起こるべくして起きたと言えるであろう。

リバランスが必要となった一番の理由は、中国の台頭、米国のパワーダウン、インドを筆頭としたアジア諸国の成長、中南米の政治・経済的変動、テロリストなど非国家主体による不安定化などだった。その変化に対応すべく米国がリバランスをしたことにより、他国もリバランスをとって新しい均衡を模索したと考えられる。

だが、ロシアの「東方政策」はそれほど明確なものではないと主張する研究者もいる。たとえば、フィンランド国際問題研究所のアルカジー・モーシュスは仮にロシアの「アジア・ピボット」があったとしても、ロシアにはそれほど熱心に東に出て行こうという気概はないと主張する。その動きは非常にゆっくりしたものであり、また、ロシアはすでに中国のジュニア・パートナーになってしまったという現実を受け入れ、ユーラシアのプロジェクトが中国主導で進められることも織り込みずみだという。

他方、ロシアの研究者も、実際に話を聞くと、ロシアと中国の関係はすでに対等なパートナーシップではなくなっていると考える者が増えているようだ。ロシアは、想定された果実がすべて収穫され、望ましいすべての政治的合意が締結され、中国からの投資が理想通りに得られることをもはや期待するべきではないとも言うのである。ユーラシア経済同盟の国際的な影響力は期待できないとしつつ、ロシア政府もすでにその現実を受け入れていて、中国主導の一帯一路などに参加し、ユーラシアのプロジェクトを中国が主導していくことを容認していると考えているという。

筆者も、中国がすでに中央アジアでのロシアとの分業体制を侵害していることもあり、中国によるロシアの影響圏侵害は、ロシアの「許容範囲」を超えたと考えている。しかし、今のロシアには中国に対抗する力はなく、黙認せざるをえない状況にあるとも言えそうだ。旧ソ連地域に関しては、米国の進出や関係国の親欧米路線についてのみ、神経質に対応しているのが現状だろう。

こうして見ると、リバランスが世界規模で起きているのも事実だが、表向きの主張と実態がイコールであるとは必ずしも言えない。

†プーチンと極右ポピュリズム

二〇一六年に、英国が国民投票によってEU離脱を決め（Brexit）、また米国の大統領選挙でドナルド・トランプ氏が当選したことは、世界に大きな衝撃をもたらした。それは「ポピュリズム」の潮流によるものだとされ、ポピュリズムはまさしく時代のキーワードとなった。

ポピュリズムとは、日本語では「大衆迎合主義」などと訳されるが、一般大衆の不安や恐れを煽り、利益や権利を高めたいという欲望や願望などを利用して、大衆の支持のもとに既存の体制やエリート、既得権益者などと対決しようとする政治思想、ないし政治姿勢のことをさす。ポピュリズムの特徴は、極端に単純化した争点を掲げること、また、大衆の不満や欲望を汲み取ってより多くの人が共感できる「敵」を設定して攻撃することなどが挙げられる。

一般大衆の現政権に対する不安や不満が強ければ強いほど、大衆の間にポピュリズムが浸透しやすくなり、ポピュリスト政権が誕生しやすくなる。近年、SNSなどの発達・浸透により、正しいか否かを問わず大量の情報が流されるようになった状況もまた、ポピュリズム拡大の背景の一つだろう。

政治が民意を反映できない状況に陥った時、ポピュリズムは歪んだ議会政治を正すことができるというポジティブな評価もある一方、ポピュリズムは概して危うさをはらむネガティブなものとして捉えられている。特に、ポピュリズムが衆愚政治に陥る可能性が高いこと、ポピュリストとして極右の政治家や政党が国民を扇動し、国内外の状況を不安定化する状況が多々見られることがその背景にある。

興味深いことに、ロシアのプーチン大統領が欧州の極右政党と緊密な関係を保ってきたことはあまり知られていない。遅くとも二〇一四年くらいから、プーチンはマリーヌ・ル・ペン率いるフランスの国民戦線（FN）をはじめとした欧州各地の極右政党に金銭面を含む、多面的な支援をしながら関係を密にしてきた。世界で極右が優勢になれば、ロシアを敵視する世界潮流に変化を及ぼせるだけでなく、欧米諸国が政治的に混乱すれば、ロシアの影響力も高まるため、プーチンにとって好都合だったからだ。

プーチンが米国大統領選挙の際に、事実上、トランプを支援する行動をとった主要な理由もここにある。しかし、その後の「ロシアゲート」疑惑などにより、結果的には米国トランプ政権にとってロシアとの関係はタブーとなり、ロシア側の思惑は外れた。

ちなみに、プーチンにとってのポピュリズムとは、プーチンが二〇世紀最大の悲劇とするソ連解体をやってのけた人々を意味し、現在のロシアでそのような勢力が伸張することには極端に神経質になっている。

†世界で伸張するポピュリズム

二〇一六年のポピュリズムの高まりは、そのさらなる拡大という危機感を人々に抱かせることになった。翌一七年には、EU主要国で立て続けに選挙が行われたのだが、その結果に世界が注視し、ポピュリズムの波が世界を席巻しないように願った。選挙結果次第では、EUが分裂する可能性すらあったからだ。

二〇一七年三月のオランダ下院選挙では、マルク・ルッテ首相率いる与党の中道右派、自由民主党（VVD）が議席を大きく減らしたものの第一党を維持し、躍進が危惧されていた極右政党は第二党となった。

同年四～五月のフランス大統領選挙では、中道系独立候補エマニュエル・マクロンが、反EUを掲げた極右の国民戦線のマリーヌ・ル・ペン候補を抑えて勝利し、欧州は安堵に包まれた。続いて行われた六月のフランス国民議会（下院）総選挙でも、マクロン大統領率いる当時発足から一年余りの中道派の新党「共和国前進（LREM）」が圧勝した。

また九月末に行われたドイツ連邦議会選挙でも、アンゲラ・メルケル首相の与党CDU（ドイツキリスト教民主同盟）、CSU（キリスト教社会同盟）がかなり議席を減らしたものの、辛くも勝利した。

このように、結果が懸念されていた二〇一七年の欧州の主たる選挙では、どの選挙でも極右勢力の顕著な伸張が見られたものの、かろうじてポピュリズムの波は食い止められたと言える。仮に、ポピュリズムの勝利が続いたり、欧州各国で右派の勢力の台頭が進んだりすれば、EUの縮小、解体などに繋がる可能性が否めなかった。

そうなれば、ロシア、米国など、世界のさまざまな関係図式に影響を与えることになったため、これらの選挙結果に世界はひとまず安堵したと言える。

†未承認国家という時限爆弾

だが、二〇一七年は「分離主義」が世界の新たな不安要因として浮かび上がってきた。分離主義は決して新しい現象ではなく、その火種は世界中にある。紛争になることも少なくなく、「法的な親国」が軍事的に敗北した場合は、未承認国家が誕生してしまうことも多い。詳しくは拙著『未承認国家と覇権なき世界』を参照されたいが、未承認国家とは、ある主権国家から分離したエンティティ（実体、地域や集団など）が独立を宣言し、国家の体裁を整えながらも、国際的に国家としての承認を得られていない「自称の国家」のことである。歴史的に多くの未承認国家が生まれてきたが、近年、新たな未承認国家が生まれそうな動きが各地で増えてきた。

二〇一七年にはクルドとカタルーニャという二つの事例が特に先鋭化したと言える。

イラク北部のクルド自治政府は九月二五日に独立を問う住民投票を行い、賛成が九二・七三%、反対が七・二七%（投票率は七二・一六%）と、賛成が圧倒的多数を占めた。イラクは激しく反発し、近隣諸国も厳しい姿勢を堅持しているが、クルド側はクルド人の意思を内外に示すことに最大の目的を置いている。それでも、この動きは他国のクルド人や中東の少数民族にも影響を与えかねず、警戒されている。

スペインのカタルーニャでは一〇月一日に独立の是非を問う住民投票が行われた。憲法違反である住民投票を、中央政府は激しく妨害しようとしたが、予定通り投票は実施された。投票率は四割と少なかったとはいえ、賛成が九割に達したためカルラス・プッチダモン同州首相は勝利宣言を行った。中央政府は自治権剝奪をちらつかせたが、両者の歩み寄りはならず、独立宣言は一〇月二七日に州議会で賛成多数で承認された。翌日、プッチダモンは州首相から解任されたが、亡命は否定しつつもベルギーに逃亡を図った。現在も平和的解決の道は見えない状況だ。

他方、二〇一四年に独立の是非をめぐる住民投票を行ったものの、辛くも英国残留派が勝利し、独立問題は一時棚上げとなったスコットランドも、独立への機運を再び高めている。英国のEU離脱前後、すなわち二〇一八年秋から一九年春の間に、もう一度独立の是非をめぐる住民投票を行おうという呼びかけが起きているのだ。スコットランドは、英国のEU残留を支持していたがBrexitにより、スコットランドが大きな経済損失を受けると試算しており、住民投票が再びなされる可能性は低くない。

旧ソ連の未承認国家[*108]や旧ユーゴスラヴィアのコソヴォなどで独立を巡り新たな動きが出ることも否定できない。さらに、その他の分離主義の動向も危惧されている。

ベルギーは、フランス語圏のワロン地域とオランダ語圏のフラマン地域に割れており、分離主義の火種がある。イタリアでも、ドイツ系住民の多いトレンティーノ・アルト・アディジェ州ではかねてより分離主義運動があり、近年は北部でも独立派がパダニア地域で自治拡大を要求している。フランス・スペイン両国にまたがるバスク地方もカタルーニャの影響を受けかねない。フランスのコルシカ島でも時折、暴力的な運動が起きている。

欧州以外でも、フィリピンのミンダナオやカナダのケベック、カメルーンなどでも独立問題が先鋭化する可能性が危惧されている。これらの動きは世界の安定と発展を脅かすものであると警戒されている。

分離独立の問題は非常に厄介だ。分離独立を目指す勢力は自決権を主張するが、それを突きつけられた政府は領土保全を盾にして反発することが多い。独立した場合も、諸外国からの国家承認がなければ、主権国家として国際社会のメンバーになることはできない。新規の独立国に対する国家承認は極めて慎重に検討され、実現することは極めて稀だ。

しかし、欧米諸国がコソヴォの独立を承認して以降、国家承認に「ダブルスタンダード」が用いられていることが問題となっている。ちなみに、コソヴォ独立には、自国にも分離勢力を抱える中露は共に激しく反発してきた。

分離独立の動きが各地で激しくなると、複数の国家や民族がからんだ複雑な対立が連鎖していく危険性も高いのである。世界全体の流動性はますます高くなっており、それはしばらく継続する傾向にある。

二〇一七年の一連の欧州の選挙結果により、EUの縮小・解体などの可能性は薄まったが、加盟国の分裂やそれに伴う新規加盟などの可能性は生じうる。欧州などの分離主義運動の状況次第では、今後も大きな変動が十分考えられる。これらの出方次第で、プーチンの動向も変わってくるだろう。

†ロシアから見た米国、日本、中国

巧みな戦術を駆使して、国際社会の中で大国としての存在感を維持しているのが、現在のロシアの姿だと言える。

米露蜜月は難しいものの、プーチンが米トランプ政権に期待することに大きな変化はない。対露制裁を解除し、ロシア国内やウクライナ、シリアにおけるロシアの自由度を容認してくれ

ることだ。米トランプ政権が六兆円の軍事費増強を発表したが、ロシアが軍事力を増強するのは難しい。中露の合同軍事演習などで、軍事的プレゼンスを米国に見せつける機会が増えるかもしれない。中露関係では、中国の経済減退が懸念材料である。

日米関係は、少なくとも現在の安倍総理、トランプ大統領による日米首脳関係を見る限り、比較的希望が持てる状況だが、日露関係は楽観視できない。

ロシア経済は、産業構造の多角化を叫びながら、資源頼みの現状はほとんど変わっていない。中央アジアにおける覇権争いでも、中国に負ける兆候はすでに見え始めている。北極海航路もコストがかかりすぎて、経済的試算が見込める段階ではない。極東を独自で開発する資金も能力もなく、現状では極東に配分予定だった予算をクリミア情勢に回しているほどだ。

北方領土の発展には日本の力が必要であるが、それでロシアが置かれている状況が大きく好転するとも考えにくい。日本人として、北方領土の全島返還を強く願っているのは言うまでもないが、現実に鑑みれば、近い将来の北方領土返還はほぼ絶望的な状況だ。

ただし、二〇一六年一二月のプーチン訪日における首脳会談の果実と言える共同経済活動で、ロシアは、早急に始まらなければ待てないと言った。これは、ロシアとしては日本の力が必須だと感じているということである。

ロシアが長年掲げてきた北方領土の開発は容易でないのが実情だ。北方領土周辺は気象条件が極めて不安定で、航空機すら定期的に飛ばせない状況があり、ロシア本土から工事に必要な材料や重機を持ち込むことも簡単ではない。その際、日本から技術や必要な物資・重機を提供してもらうことができれば、開発は現実的になる。

安倍政権が掲げた「八つの経済協力」をはじめ、日本の顔が見える援助を極東・北方領土で続けていけば、ロシアにおける日本のプレゼンスも高まっていくであろうし、現実的に考えて、そこから日露間の信頼醸成を積み上げ、距離を縮めていくのが最善策に思われる。

†日本の目指すべき外交

激動の時代、日本はどのような外交を目指すべきだろうか。

第一に、バランス感覚を的確に持つことである。バランス感覚は、特に「狭間の政治学」では極めて重要な要素である。もちろん日本は厳密には「狭間」の国ではないが、米露や中韓をはじめとしたアジア諸国、欧州諸国、中東やアフリカ諸国、国際機関などのさまざまな力関係や状況を見据えながら、バランスを常にとっていく必要がある。臨機応変に外交方針を変えていくためには、当然、政策の柔軟性が求められるだろう。

第二に、明確なビジョンとぶれない外交が求められる。前述の、「バランス感覚と政策の柔軟性」という要件と矛盾すると思われるかもしれないが、ある一定の軸は堅固に守る必要がある。そうしなければ、単なる日和見外交だと思われてしまい、国際社会から軽視される。外交の目標を国内外に明確に打ち出し、また、それを達成するための軸を打ち立ててそれを守っていくことが重要だ。そのような姿勢があれば、たとえば諸外国からの無理難題にも強い態度で立ち向かう基盤ができる。ぶれない外交は、同一政権で守られるべきなのはもちろんであるが、政権が交代しても一定の軸が守られなければ国際的な信用を失う。

たとえば、沖縄の普天間基地の辺野古への移設問題で、民主党（当時）の鳩山由紀夫首相（二〇〇九年九月一六日から一〇年六月八日まで）が移設地の再検討を行ったことで、移設問題は紛糾した。自民党が再び政権を取った後は、既定路線に戻されたが、米国の対日不信は極めて大きくなった。

また、二〇〇六年の第一次安倍政権（在任期間三六六日）成立から、二〇一二年の第二次安倍政権成立までの六年間に総理が六人も代わった（その間の最長は野田佳彦の四八二日）ことは、国際社会における日本のポジションを弱めることとなった。「日本の首脳と交渉をしてもすぐに交代になるに違いない」と思うと、諸外国の首脳も日本と外交交渉をしても無駄だと考えるようになり、交渉そのものを避けたり、仮に交渉をしても深い話をしないようになったのである。

他方、第二～四次の安倍政権が二〇一八年現在でも五年以上続いている事実は、「安定政権」として諸外国から高く評価されており、実際、安倍政権が外交で達成してきた実績は注目に値する。ただ、筆者は決して長期政権や一党支配を擁護しているわけではなく、政策の一貫性が重要だということを主張したいのだ。つまり、政策のブレは、同一政権内であったとしても、国際社会からの信頼を得るためにはあってはならないものであることは間違いない。

第三に基礎体力を強化していくこともまた重要だ。「狭間の政治」の問題にも関わるが、他国への依存度が高く、さまざまな弱みがある国ほど外交交渉でも強く出られず、外交的な自律性が制限される。

残念ながら日本は、国際関係で脆弱性を抱えている。日米安全保障条約に基づき、軍事力を米国に依存してきたため、軍事問題に関しては、憲法や日米安全保障条約の改定がない限り、米国に頭が上がらない。

また、二〇一六年度の日本の食料自給率は、カロリーベースでは三八％、生産額ベースでは六八％となっている（農水省ホームページ）。平時ならむしろ輸入にたよる方が経済全体のパフォーマンスは良いのかもしれないが、有事となれば、これだけ対外依存度が高い状況は危険である。食料確保は国家存続の最低条件であり、食料輸入の交渉がこじれると、それは大きな危機につながり得る。政府が農業、漁業、畜産業などを支援して、国を挙げて積極的に高めていくべきであろう。

さらに、エネルギー自給率はわずか六％で、ＯＥＣＤ加盟国三四カ国中、下から二番目となっている（経済産業省ホームページ）。そのため、エネルギー依存度も極めて高くなっており、これもまた日本の弱みであることは間違いない。エネルギーは、日本が資源保有国でないことから自給率を高めることは難しいが、現在注目されているメタンハイドレートの活用なども含め、さまざまな可能性を模索するべきだろう。

さまざまな自給率を上げる、言い換えれば、国家としての基礎体力を強化していくことによって、外交交渉においても「弱みに付け込まれる」要素を減らせ、日本の世界における自律性を高めることができるはずだ。

ここに記したことは、極めて基礎的な話であり、今さら言うまでもないことだろう。だが、その基礎が揺らいでいるのだ。このような基礎がしっかりしていれば、世界が激変しようとも、諸外国の首脳が代わろうとも、日本の国際的位置はしっかりと保たれるはずである。

中国の「一帯一路」「新シルクロード構想」、ロシアの「ユーラシア連合構想」は今、リアルタイムで動いている。そこでは中露の思惑が交錯し、微妙に対立しながら協力を続けている。日本はそれらからは、地理的にも、またＡＩＩＢに未加盟なことからも、少し離れた場所にいるかもしれない。だが、それらに参加している国々と日本の関係は重要だ。アジアの多くの国々が含まれるそれらに、アジアの主要国として日本が無関係ではいられないはずである。中露が積極的に協力している北極海航路の終着点が北海道であることから、北海道の企業や大学は北極圏協力に極めて積極的である。

中露がユーラシアで大きな力を持ち続ける状況がいつまで続くかわからないが、少なくともこのような動きを牽引してきた中露の指導者は当面、その強権を維持していくと思われる。

ロシアのプーチン政権は今のところ盤石に見え、二〇一八年三月一八日の大統領選挙で再選を決め、五月七日に大統領就任式を終え、四期目をスタートさせた。なお、選挙についてだが、プーチンサイドは、「七割の投票率、七割の得票率」を目指し、圧勝は確実視されていたが、勝利の正統性を確保するために、なりふり構わない反対派の弾圧や投票率を上げるための様々な工作が繰り広げられた。その結果、多くの不正も報告されてはいるものの、投票率六七・五四%、プーチンの最終得票率はロシア大統領選史上最高の七六・六九%をマークした。*109

このように大統領選挙では勝利を収めたものの、プーチンに対する支持が落ちていることも間違いなく、現在の大統領の任期は六年であるが、「六年持たないのではないか」という声も実は少なくない。特に、若者のプーチン離れは着実に目に見えるようになってきている。中高年以上の層では、プーチンに絶大な信頼を寄せる者も目立ち、そういう者は、プーチンは何でも問題を解決してくれる強い指導者だというイメージを強く持っている。そのため、現状の不満は、プーチンではなく、プーチンの下に位置する役人や政治家の汚職や不誠実な仕事によって引き起こされていると考える傾向があるようだ。言い換えれば、プーチンに直接不満を伝えられれば、プーチンはすぐに解決してくれるという期待を持っており、プーチンにどうすれば直接連絡ができるのかということを考える者が少なくないという。だが、若者はもっと現実的である場合が多く、プーチンに対する期待値もそれほど高くない。

他方、外交も極めて厳しい状態での船出となった。ウクライナ危機が未だ解決しない中で欧米の対露制裁は続き、シリア問題でもロシアへの批判は高まるばかりである。さらに、二〇一六年の米国大統領選挙への介入、いわゆる「ロシア・ゲート」事件や、一八年三月に発覚した英国におけるロシアの元二重スパイ・スクリパリ氏及びその娘に対する神経剤「ノビチョク」による暗殺未遂事件などでもロシアに対する制裁が行われ、ロシアの国際的孤立はますます深刻になっている。

このように内政も外交も厳しい状況の中で、プーチンは自身の四期目をどのように考えているのだろうか。プーチンは大統領就任演説で「経済や技術分野での突破的発展」が不可欠だとして、国民の団結を呼びかけた。そして、ロシア政府に対して大統領令で、一八年一〇月一日までに、二四年までのロシアの戦略的発展課題である一二の分野[*110]についての国家プロジェクト（プログラム）を提出するよう命じた。

このように、内政・外交ともに厳しい状況の中で、すでに六年後のロシア政治に想いを馳せるものも少なくない。ロシアでは大統領の三選が禁じられており、今回の大統領任期が終われば、プーチンは大統領職から退く必要がある。そのため、六年後にロシア大統領がどのようになってゆくかについては、主に三つのシナリオが可能性としてささやかれている。

第一に、プーチンが後継者を育て、後継者を大統領に就任させつつ、自分も政治への影響力を及ぼし続けるというシナリオだ。基本的に、このシナリオが一番現実的であるとされている。第二に、大統領の任期を引き延ばしたり、任期をなくしたりすることや、大統領の三選禁止条項の撤廃などにより、大統領のポストに座り続けるというシナリオである。しかし、これについては、プーチン自身が憲法や関連法を変更するつもりはないと明言していることから、現状では想定しづらい。第三に、二〇〇八年から四年間、メドヴェージェフを大統領にし、自分は首相に退きつつも実質的に政治を握っていたように、六年間、別の腹心に大統領職を委ね、その後に返り咲くというシナリオも想定可能であるが、プーチンの年齢を考えれば、やはり決して現実的ではない。それでも二〇一八年五月の発言で、プーチンが「首相返り咲き」を検討しているとの見方も浮上している。現状では、やはりプーチンが後継者を育てていくというシナリオが一番有力であり、プーチンの人事と後継者と目される人々の動向が注目されているのである。

他方、中国の習近平も一七年一〇月の共産党大会で側近による新指導体制を発表した。中国共産党規約に自らの思想を盛り込むなど、権力固めを進めてきた。さらに、一八年三月一一日、中国は北京で開催された全国人民代表大会（全人代＝国会に相当）[111]で、国家主席の任期制限を撤廃する憲法改正を承認した。それにより、習近平が長期にわたり、または終身的に国家主席の座にとどまることが可能になったのである。

このように、中露共に強権の指導者たちが当面、国を率いる状況が確立された。だが、両国ともちょっとしたことが引き金となって国民の不満が爆発する可能性は否めないし、また日本も国際情勢の混乱に巻き込まれる可能性がある。

さらに最近では、米国のトランプ大統領による外交で生じている混乱が極めて深刻である。トランプ外交による混乱は多方面で生じているが、本書の内容に特に関わる点では、「イラン核合意」からの離脱と対イラン制裁再開に象徴されるような対イラン政策の強硬化、北朝鮮との直接対話と融和的姿勢への転換が特筆に値する。

対イラン制裁強化で最も被害を受けそうなのがフランスのトタル社である。トタル社は一七年七月に中国石油天然気集団（ＣＮＰＣ）などとともにイラン・南パルスガス田の開発プロジェクト（総事業費四八億ドル）を締結し、その他にもかなりの規模でイランへの投資を進めてきた。だが、トタル社の資金調達の九割が米国の銀行からのもので、株主の三割は米国に帰属することから、制裁が続けば事業撤退は避けられず、プロジェクトを制裁から外すよう求めている。それでも、米国の態度は強硬で、例外はなさそうだ。トタル社が撤退となれば、トタルの利権はCNPCが引き受けると観測されている。中国はイランでも一帯一路計画の一部として鉄道工事を進めており、一七年九月には一〇〇億ドルの信用供与も行っており、イランからの原油輸入も増加している。つまり、トランプの対イラン政策の強硬化は中国のイランにおける立場を強化し、ひいては一帯一路計画を助けることにもなる。

また、トランプ外交の結果、北朝鮮が諸外国に融和的な姿勢をとるようになれば、ロシアが長年望んできた「ロシア極東から南北朝鮮をパイプライン、鉄道で結ぶ計画」も現実的になり、朝鮮半島がシベリア鉄道経由で欧州に連結される日も遠くないかもしれない。

このようにトランプ外交は中露の勢力圏構想にも大いに影響しそうであるが、トランプ外交の長期展望ができない現状では、その将来像を描くことは難しい。

このように不透明な時代であるからこそ、我々日本人もバランス感覚を備えた上で現状をしっかり認識し、来るべき未来に対してシナリオ（ビジョン）を考え、それらに向けた準備（基礎体力）を整えて行くことが重要だろう。

あとがき

本書は、ちくま新書の松本良次氏が、筆者にお声がけくださったことを契機に、近年進めてきたロシアのユーラシア外交に関する研究を一般向けにまとめたものである。松本氏が筆者に最初にご連絡くださったのは二〇一四年秋、ロシアのウクライナ危機での暗躍が世界の注目を浴びる中、ロシアと中国が関係を緊密にしていったまさに重要な時期であった。当初の予定では一年位の執筆期間で、という約束であったが、筆者の遅筆により四年近くもかかってしまった。長い時間、温かく筆者の遅筆を見守ってくださりながら、逐次ご相談にも乗ってくださり、そして素晴らしい編集をしてくださった松本氏にはお礼の言葉も見つからない。本当にありがとうございました。

また、本書の執筆は筆者が二〇一七年三月末より一年間、在外研究を行っている間に行われた。筆者の在外研究をお認めくださり、また筆者不在の間、様々なサポートをしてくださった慶應義塾大学の教職員の皆様や学生の皆様には、お名前を一人一人あげることは紙幅の関係でできないが、心から感謝しており、お礼の言葉もない。筆者の授業を代行してくださった横手慎二慶應義塾大学名誉教授にも心よりお礼申し上げたい。皆様、誠にありがとうございました。

そして本書は様々な地域や分野の問題を網羅しており、多くの方々のご教示を受けた。お一人お一人のお名前を挙げることが困難であるが、皆々様にお礼申し上げたい。特に、公益財団法人日本国際フォーラム（総合研究事業「パワー・トランジション時代の日本の総合外交戦略」分科会2）「変容するユーラシアの国際戦略環境と日本の大国間外交」（主査・渡邊啓貴先生）の研究会の皆様には心から感謝している。特に、中国の一帯一路政策について、極めて重要な示唆をいただいた駒澤大学の三船恵美先生には特にお礼申し上げたい。

二〇一八年度比較経済体制学会で報告の機会をいただいたこと、また貴重なコメントを下さった加藤美保子氏にも御礼申し上げたい。

最後に、一年間、Visiting researcher として筆者を温かく受け入れてくださり、素晴らしい研究の場を与えてくださった、フィンランドのヘルシンキ大学アレクサンテリ研究所（Aleksanteri Institute, University of Helsinki, Finland）の皆々様にも心からお礼申し上げたい。

そもそも、この在外研究とアレクサンテリ研究所との共同研究が実現したのは、日本学術振興会国際共同研究加速基金（国際共同研究強化）の助成をいただけたことによるものであり、本研究は、ＪＳＰＳ科研費 JP15KK0130の助成を受けたものである。記して心から感謝申し上げる。

●注

序章

1 二〇一五年四月二二日に公式に変更される前の日本での呼称は「グルジア」だった。

2 一連の「カラー革命」は、政治学でいうところの革命とは性格が異なるので、本書ではカギカッコ付きで表記する。

3 ただし、ウクライナでは、二〇一〇年の大統領選挙で親露派のヴィクトル・ヤヌコーヴィチが当選し、「オレンジ革命」で生まれた「オレンジ政権」が崩壊したため、NATO加盟の意思が取り消された。

4 マケドニアの加盟準備も進められているが、ギリシャとの国名問題などがネックになっている。

5 ソ連から独立した旧ソ連構成諸国で、ロシアにとっては最重要な影響圏。

6 近年では、アゼルバイジャンのナゴルノ・カラバフに対しては交渉面以外での関与はほとんどしていない。

7 日本では「グルジア紛争」と言われることが多かったが、れっきとした戦争であり、紛争と称するのは適切ではない。国際的には「ジョージア・ロシア戦争」「五日間戦争」などと呼ばれている。

8 シルクロードは絹だけでなく、仏教、芸術品、文化、野菜、果物など多くのものをユーラシアに広く行き渡らせていた。日本もシルクロードの恩恵を古くから受けてきた。

9 BRICSとは、ゴールドマン・サックスが二〇〇一年一一月三〇日に発表した投資家向けレポート『Building Better Global Economic BRICs』で、二〇〇〇年代以降に成長の著しい四カ国として、ブラジル・ロシア・インド・中国をBRICs（sは複数形）として紹介したことから生まれたもの。二〇一一年以降は南アフリカも加わり「BRICS」となった。

10 当時のアテネのように中国は民主的な国家ではなく、米国は高い軍事力を持っているもののスパルタのような軍事国家ではないなど、多くの前提がアテネ・スパルタとは異なるうえ、米中双方が経済的に相互依存関係にあるため戦争に至るはずがないなど。

第一章

11 たとえば、ロシアによるウクライナ危機、中国の南シナ海問題などはその顕著な例だろう。

12 共同声明では、中露（当時は中ソ）両国は、軍国主義の日本とファシズム政権のドイツに対して共闘した同盟国であり、日本に対する勝利を共に祝うという趣旨であった。中露両国が第二次世界大戦の結果を同様に受け止め、その見直しはあり得ない、つまり両国の歴史観が不変であるということを盛り込み、両国が言うところの〝歴史の真実〟を共に守っていくことが重視されている。

13 同紙は、メドヴェージェフ大統領の北方領土訪問にも言及しており、「大統領は、南クリル（北方領土を指す）はロシアの重要な地域だと述べ、この問題におけるロシアの強硬な立場を主張した」と記している。

14 三つのポイントとは、①戦略的パートナーシップの精神に基づき、それぞれの国益と国際政治における課題の共通性を明確にしながら、アジアの安全保障を共同で推進すること、②原子力、電気エネルギー、液化天然ガス供給、ガス・パイプラインの敷設、エネルギー関係のハイテク分野の協力という各分野での進展、エネルギー設備の共同開発についての重要な契約やシベリア、極東における天然資源開発に対する中国からの大型投資についての契約などエネルギー分野の協力深化、③中国におけるロシアの中小企業ブームに象徴されるような両国間の投資関係の強化、である。

15 両国間の貿易高を二〇二〇年までに当時の前年比三倍以上の二〇〇〇億ドルにまで引き上げることなどが目標とされた。

16 中国側は、同支線を使えば、パイプラインの終点として計画されている沿海地方のナホトカ近郊よりも輸送距離が短くなるのだから、輸送量も割安であるべきだと主張して、未払いを正当化した。

17 具体的には、ロシアが欧州輸出向けの平均価格である一〇〇〇立方メートル当たり三五二ドルに近い価格を要求したのに対し、中国側は中央アジアからの輸入価格に近い二五〇ドルを主張し、その価格差が交渉を難航させた。

18 一九九三年、二〇一四年の改訂はイレギュラーだと言える。

第二章

19 この体制は「タンデム体制」と言われ、実権の大部分はプーチンが握っていたと言われる。

20 ロシアの大統領の任期は四年だったが、メドヴェージェフ時代に、一期が六年に変更された。

21 二〇一二年三月一九日、メドヴェージェフ大統領（当時）もEAEC首脳会議のおりに、「ユーラシア経済同盟」に関する包括条約が、二〇一五年一月一日までに署名されると表明していた。英語の略称はEEUとEAECの二つが存在し、日本語では「ユーラシア経済連合」と略されることも多いが、本書では日本外務省の表記にならって、「EAEU」「ユーラシア経済同盟」を用いる。

22 同年七月一日、関税行政や通関手続き全般について包括的に定めた「税関基本法」が施行され、翌一一年七月一日には三カ国の国境税関が撤廃されるなど、関税同盟は新しい段階へ移行した。

23 〇九年一二月に承認された「三カ国による共通経済空間の形成のための行動計画」に基づいていた。

24 「中国の弱みを握っていることを見せつけるため」「難航していた天然ガス価格交渉を有利に導くため」「中国のスパイ活動や兵器情報の無断使用を牽制するため」などの理由があるのではないかと議論された。

25 プーチンの拒否の理由は、大統領選挙で忙しいということだった。

26 「グランドストラテジー（Grand Strategy）」とは、外交の基本をなす大戦略である。その達成のために、「戦術・手段（Tactics・Instruments）」が駆使される。

27 反米的な国は特に望ましい。

28 「凍結された紛争」とは、停戦合意が達成されているものの、領土の不法占拠や小規模な戦闘や小競り合いの散発が継続し、「真の平和が達成されない状態」を指す。

29 モルドヴァはＮＡＴＯへの加盟を目指さず、軍事的には中立を維持しようとしている。

30 ユーラシア連合に着手した元来の目的は、ロシアにとって極めて重要ながら反露的な姿勢が際立っていたウクライナをつなぎとめるためだったとする説もある（下斗米 二〇一四）。

31 Статья Владимира Путина «XXV саммит АТЭС в Дананге: вместе к процветанию и гармоничному развитию» 8 ноября 2017 года, http://www.kremlin.ru/events/president/news/56023

第三章

32 第一期工事はカザフスタンのアタス～ウイグルの阿拉山口までの一二〇〇キロ、第二期工事はカザフスタンのアティラウ～阿拉山口の三〇〇〇キロ。

33 二〇〇九年一二月にトルクメニスタンで四カ国首脳が始動ボタンを押して完成を祝した。

34 カザフスタン産も含めると最終的に年間四〇〇億立方メートルほどになるとされる。

35 ロシアの東シベリアから中国に天然ガスを運ぶ四〇〇〇キロのパイプラインで、総工費は五五〇億ドルと見積もられている。

36 一帯一路構想については、駒澤大学教授・三船恵美氏の教示によるところが大きい。

37 実際のところ、ＡＤＢはアジアには、二〇二〇年までにインフラ建設への投資が年間約八〇〇〇億ドル必要であると評価している一方、ＡＤＢ自体は、それらのプロジェクトに年間一〇〇億ドルしか融資を提供できていない。プロジェクトの完成までに時間がかかるという苦情も多い。

38 第二次世界大戦後の世界経済を支えた米国主導の国際通貨体制。

39 本部は中国・上海。「BRICS開発銀行」とも呼ばれる。

40 二〇一五年七月に上海で行われたNDBの開業式典では、AIIBとの協調が謳われ、今後の共存共栄が目指された。

41 AIIBにおいてロシアがアジア枠で加盟していることは注目に値するだろう。ロシア領の多くはアジア地域に属しているとはいえ、ロシアといえば欧州の東端というイメージの方が一般的に強い。

42 上位三カ国の議決権は、中国：二六・〇六％、インド：七・五％、ロシア：五・九二％となった（新華社通信の計算による）。

43 建設費用は二四二〇億米ドルと見積もられていた。

44 劉副首相は、同センターの設立が中露両国の発展戦略と長期的な利益に合致すること、両国の大学や科学研究機構、企業の専門家と学者の知恵を集めて、両国の高速鉄道発展の中心的な問題をめぐり、研究の成果を分かち合い、合同で人材を育成していくことを可能にし、それによってシルクロード経済帯の構築と欧州・アジア経済連盟の建設の連携協力を技術面で強力にサポートできることを期待すると述べた。

45 BTK鉄道は歴史的なシルクロードを再現すると謳われ「シルクロード鉄道」の異名を持つ。

46 鉄道ルートのうち、かなりの部分は既存のものである。ソ連時代に、ロシアからアゼルバイジャンのカスピ海沿岸を経て、イランとの国境の町であるアスタラまでの鉄道が建設され利用されていたし、イランも国内の鉄道網の整備を進めていた。そのため問題だったのは、アゼルバイジャンのアスタラとイラン北西部のラシュトを結ぶ一七二キロにわたる鉄道ルートの新設であった。二〇一六年ごろからより具体的な議論が進み、建設のための試験は一七年ごろから行われるようになっていた。アゼルバイジャンはイランに五億ドルの融資を行い、一八年上半期には着工したいとされている。また、イラン内の鉄道網の強化も進められており、イランのガズヴィーンとラシュトを結ぶ一六四キロ区間の建設は一八年中に進められ、二〇二〇年の開通を目指しているという。

47 国防大学、国防省、人民解放軍総参謀部の幹部、対外投資に関わる銀行や石油業界の関係者など中国の有力者たちが出席した。

48 二〇一六年の米国大統領選挙の際のロシアによるサイバー攻撃やフェイクニュースなどの影響や、ドナルド・トランプ政権関係者とロシアの関係などが、米国の大きな政治問題となっている。

49 事業計画のうち主要なものは以下の六計画である。第一に「一帯一路」の資金源である「シルクロード基金」を新たに一〇〇〇億人民元増資すること、第二に中国国家開発銀行が二五〇〇億元と中国輸出入銀行が一三〇〇億元に相当する人民元特別融資をそれぞれ提供し、インフラ整備や生産能力向上、金融提携をサポートすること、第三に今後三年間に「一帯一路」建設に参加する発展後発国や国際組織などに六〇〇億元の援助を行うこと、第四に「一帯一路」対象地域の発展後発国に二〇億元の緊急食糧援助を行うこと、第五に南南協力援助基金に一〇億ドルの増資を行うこと、第六に「一帯一路」対象地域に「幸福家園（幸せな家）」一〇〇カ所、「愛心助困（愛を込めて貧困扶助）」一〇〇カ所、「康復助医（リハビリと医療援助）」一〇〇カ所などを設置する慈善計画の実施などである。その資金は、AIIB、NDBなど中国が主導しているものだけでなく、世界銀行やその他の多国間開発機関とも協力するとしており、ここからも、「一帯一路」計画が世界規模の事業として想定されていることが理解できる（前出、三船恵美氏の教示による）。

50 主なものは以下の通り。①中露両国がロシア極東および中国北東部の開発支援のために、総額一〇〇億人民元（約一四五億ドル）の共同地域開発協力投資ファンドを設立するという計画の発表。②ロシア石油最大手ロスネフチと中国石油天然気集団公司（CNPC）が両者間の協力の効率化向上を目指すための合同調整委員会の設立に関する取り決めに調印。③ロシア天然ガス最大手ガスプロムのアレクセイ・ミレル社長とCNPCの王宜林会長が、地下ガス貯蔵、電気産業、道路インフラなどの分野での協力深化に関する文書に調印。

51 それを事前に知らされていなかったロシアは当然ながら反感を抱いた。

52 トムソン・ロイターのデータによれば、中国企業の一帯一路関係国の企業買収は、二〇一七年八月一四日段階で、六八カ国、三三〇億ドルにおよび、前年一六年の総額三一〇億ドルを早くも上回った。

53 規制は一六年以降厳しくなった一方で、中国は長期的なアプローチを考え、買収は政策主導型で行われており、中国銀行と政府の資金が計画的に一帯一路関連国に割り当てられているという意見もある。

54 海水面上昇の予測にはばらつきがあるものの、ACの研究チームは、一九九〇年比で二一〇〇年における海面は〇・九～一・六メートル上昇している可能性があると発表している。

55 宇宙航空研究開発機構（JAXA）によれば、二〇一三年九月二七日時点の北極海の海氷の面積は五二六万九〇二〇平方キロメートル。一七年は例外的に面積が大きかったが、一二年九月は観測史上最低の約三四〇万平方キロメートルであった。

56 石油・ガスの輸送ルートとしての北極海航路の商業化は、二〇一〇年にロシアの「ノバテク」社が手配した「ソフコムフロート」の「アフラマックスタンカー」が、コラ半島北岸のムルマンスク港から中国海洋石油総公司（CNOOC）の化学プラントがある東シナ海の中国浙江省寧波まで、二二日間でコンデンセートを輸送することに成功したのが最初だとされるが、タイや韓国へもコンデンセートが輸送されるようになった。

57 この調査を受け、〇七年九月二〇日には、ロシア天然資源省が収集データから「同海域の海嶺がロシア領の延長だという主張を裏付ける資料が見つかった」と発表し、国連への領有権主張の申請の補強材料にすることも明らかにした。

58 ロシアは資源の権益を取得できると見込んで、一五年二月には、ノヴァク・エネルギー相が、今後二〇～二五年の間に国営ロスネフチ社が北極圏のエネルギー開発に約五〇〇〇億ドルを投資する予定であるとも発言している。

59 大連海洋大学の李振富氏が中国国務院に提出した報告書に記したコンセプト。

60 中国による北極における本格的な科学調査は、一九九九年、二〇〇三年、〇八年、一〇年に行われており、特に一〇年の調査は四〇日にわたって、一三〇カ所以上で海氷データの収集や生態系調査がなされた。

61 ただし二〇一八年段階では、フィンランドやノルウェーの北極圏の住民から、あまりに増えすぎた中国人観光客に対する苦言も聞かれた。一一九頁も参照。

62 国有海運大手・中国遠洋海運集団傘下の中遠航運（広東省）が運航する多目的貨物船「永盛」（総積載量一万九四六一トン、全長一六〇メートル）が航行した。

63 水上戦闘艦三隻、揚陸艦一隻、補給艦一隻。

64 北極海と北大西洋の間に位置する世界最大の島。二〇〇九年以来、自治を獲得しているが、かつて三世紀にわたってデンマークの植民地だった。現在はデンマーク本土、フェロー諸島と対等のステイタスでデンマーク王国を構成している。

65 このような実験は、包括的核実験禁止条約（ＣＴＢＴ）の内容とは矛盾しない。一九九〇年以降、ロシアは核爆発を伴う実験は実施していないが、ソ連解体後も核兵器の信頼性に関する臨界前実験がノバヤゼムリャで実施されたという。

66 「常時配備拠点から二〇〇〇キロ以上の距離にあるロシアの産業や科学研究施設に対するテロ攻撃を許さない任務を帯びて北極圏の経済的に重要な地域への」海兵隊上陸作戦を想定している。

67 「シビーリ」は全長約一七三メートル、幅約三四メートルで、通常の原子力砕氷船としては世界最大の大きさ。建造費は約一〇七〇億円に及ぶとされる。

68 二〇一四年一二月一〇日には、北極統合戦略司令部も発足している。

69 救助活動と空中偵察、広範囲にわたる戦闘演習任務遂行のため、北方艦隊（艦船支隊の）旗艦大型対潜艦「セヴェロモルスク」艦上には、二機のヘリコプターKa－27と、フライト支援に従事する航空グループが配置されている。

70 中露国境から約一八キロに位置する。北朝鮮の経済特区・羅先にも近い。

71 なお、このメドヴェージェフ訪中時には、その他の協力についても大きな進展が見られ、経済・貿易や石油・天然ガス、農業、宇宙開発、金融などの分野における協力拡大に向けた約二〇の文書に署名がなされ、中露が国際業務での連携を密にし、人類の運命共同体の構築を推進しつつ、米ドルを基軸とする国際通貨体制をはじめとした米国一極支配に対抗し、新しい国際秩序を生み出していくことでも一致した。

第四章

72 「ミンスクⅡ」。二〇一四年九月に合意された停戦「ミンスクⅠ」はすぐに破綻した。

73 一九九五年、中露は二〇〇機のスホイ27SKを中国の瀋陽飛機工業集団が製造することで合意していたが、九五機を製造したところで、中国側が契約を一方的に途中解約し、以後、違法コピーした中国機J－11B（殲11B）を製造するようになった。さらに、殲11Bはロシア製のスホイ27やスホイ30MKの後継機として輸出市場に展開された。しかもスホイ33艦載戦闘機とスホイ30MKもコピーしている（それぞれ殲15、殲16）ことから、ロシアの対中不信はかなり大きくなった。

74 ゲオルギーリボンは、ロシア帝国とソ連の勲章のリボンと同じ色、すなわちオレンジと黒の縞柄の象徴的なリボンである。このリボンを配布する社会活動が二〇〇五年から毎年戦勝記念日に行われている。民間から自然発生的に生まれた運動だが、後に政府関係者も参加するようになった。

75 それに対しロシアはインドとは軍事協力を進めていたことも、中国を苛立たせた。中国は空母開発を進める中で艦載機の着艦に不可欠な機体制動用ワイヤの販売を依頼したのだが、ロシアは、それすら拒否していたという経緯もある。

76 上海北部の長興島にある江南造船廠が設計および建造を担当する。

77 クズネツォフは二〇一八年に近代化が施され、向こう二〇年は運用される予定であるという。一七年六月には、新しい空母の建造計画も発表され、既に雛形はできているというが、詳細は明らかにされていない。

78 二〇〇二年一月、ROEは中国との間で、一四億ドル規模とされる中国向けの駆逐艦二隻の納入契約について署名していた。大統領令「諸外国との軍事技術協力について」（二〇〇〇年一二月一日付）に従う形で、ロシア造船庁は二〇〇一年四月に、将来の契約執行者として「北方造船所」を任命する決定をしていた。それにもかかわらず、二〇〇二年一月の契約直後に、ロシア造船庁は駆逐艦受注企業を選ぶ入札を行うこととし、「バルト工場」というまったく別の企業が「北方造船所」よりも低い価格で落札した。

79 二〇〇五年に締結された中国への三五機の軍事輸送機イリューシン76MDと四機の給油機イリューシン78MDの供給契約には問題があるとされている（塩原 二〇〇九）。

80 さまざまな発展型が生み出され、ウクライナのアントノフとの技術協力も行われた（竹田 二〇〇七）。

81 二〇〇六〜〇七年の両国間の軍事協力は困難となり、この間にロシアから中国への武器輸出額は六二〜六三%減少したと言われている。ロシアの武器輸出全体に占める中国向け輸出の割合は、〇五年の六四・三%から、〇六年の三八・三%、〇七年には二一%まで低下した。（塩原 二〇〇九）

82 ロシアは、二〇〇〇年代初期の段階でまだ一九八〇年代の技術に基づく武器生産を行っていた。

83 たとえば中国ではソ連のミグ19、ミグ21両戦闘機をベースとして、それぞれ殲6、殲7戦闘機が製造され、ツポレフ16爆撃機を模倣して轟6爆撃機が、アントノフ2、アントノフ24、アントノフ12輸送機に基づいてY-5、Y-7、Y-8輸送機が製造された。

84 同エンジンを開発したのは、サンクトペテルブルクのクリモフ記念工場。

85 RD-93の最初の納入は二〇〇六年末だったが（一五機）、中国政府とパキスタン政府は戦闘機JF-17を一五〇機納入する契約をすでに締結していた。

86 アゼルバイジャンが第三国を経由してロシアの技術を得ることになったのは、直接的な軍事協力が難しいためである。アゼルバイジャンはナゴルノ・カラバフ紛争でアルメニアと敵対関係にあるが、アルメニアはロシアと極めて近い関係にある。かつてアゼルバイジャンも、ロシアが主導するCIS安全保障条約機構のメンバー国だったが、すでに脱退している。当然、ロシアはアルメニアとの軍事関係を優先するので、アゼルバイジャンはロシアとの軍事協力が難しい状況にある。とはいえ、近年アゼルバイジャンがロシアから直接兵器を購入するようになってきて、アルメニアの対露不信感が高まった。しかしロシアはアゼルバイジャンには高値で販売しているとアルメニアに説明している。

87 具体的には殲10、殲11、殲20、殲31、殲15など。

88 ライセンス生産用にソ連から譲られた。

89 『サーチナ』二〇一五年二月八日。

90 ライセンス生産を行う際の業態の一つ。解体（Knock down）と称するが、ライセンス元で実際に組み立ててから解体するわけではなく、導入サイドは、ライセンス元から部品類のすべてを一括購入し、組み立ての工程と販売だけを行う生産方式。導入サイドの作業工程とコストが大幅に削減される反面、生産方法などを学習できる余地が少なく、技術のコピーも難しくなる。ライセンス元の技術優位は比較的長く維持される傾向がある。部品の製造法などを秘匿したい場合には、部品を組み立てた形で供与することができるので、ライセンス元が技術の情報開示のレベルを左右できる。

91 最高速度は時速九〇〇キロ、実用上昇限度一万二三〇〇メートル。

92 一九八六年就役のソ連が開発した原子力潜水艦で、現在、ロシアは次級の「ヤーセン型原子力潜水艦」を開発中である。

93 二〇〇九年に米国防長官官房が議会に提出した年次報告書「中華人民共和国の軍事力（Military Power of the People's Republic of China）」で述べられた名称であるが、米国議会の米中経済安保調査委員会が一一年一一月に発表した年次報告書では、同じ戦略に対し、「領域支配軍事戦略（Area Control Military Strategy）」という呼称が用いられている。

94 S－300PSミサイル防衛システムにおいて使用された5V55シリーズのミサイル。

95 ロシア語：C－400《Триумф》「トリウームフ」とは「大勝利」という意味。

96 開発は、ロシア科学アカデミー会員A・A・ラスプレーチン記念「対空防衛コンツェルン『アルマーズ＝アンチェーイ』」主要システム設計局。

97 中国人民解放軍61398部隊。

98 その新型の戦域弾道ミサイルは、(1)核弾頭を搭載できないようにすること、(2)核弾頭の非搭載を補うべく命中精度を高めること、(3)自動誘導装置を改良することなどの条件を守ることを義務付けられた上で、開発が進められた。開発を主導したのはコロムナの機械製作設計局（KBM）だが、ミサイル発射装置はヴォルゴグラードの中央設計局「チターン」、自動誘導装置はモスクワの自動化技術・水理学中央科学研究所が開発を担当した。

99 一九九六年には試験発射が行われたが、すぐに実用段階には移行せず、実際の運用開始は約一〇年を経た二〇〇六年頃であったとされる。

100 「イスカンデルE」戦術ミサイル・システムは、行動距離二八〇キロであったが、二〇〇五年にはロシア防衛産業が「イスカンデルE」を発展させる形で五〇〇～六〇〇キロの行動距離をもつミサイルを開発できると表明していた。そして〇六年に、行動距離四〇〇~五〇〇キロの「イスカンデルM」戦域弾道ミサイル複合の量産が開始された。「イスカンデルM」は「イスカンデル」のロシア連邦軍向けの発展系のミサイルである。さらに、〇七年には発射装置も含めて新しいシステムを持つ、行動距離五〇〇キロのR-500「イスカンデルK」巡航ミサイルも試験発射され、その成功が明らかになった。

101 結局、二〇一五年のサミットでインド・パキスタン両国の正規加盟が決定された。

102 二位はアンゴラの四一一万トン、三位はサウジアラビアの三八五万トンであった。

103 二〇一七年七月上旬には銀聯国際とロシア国家決済システムとの協力に実質的な進展があった。ロシア農業銀行が銀聯と連携したデビットカードを発売したことで、使用範囲が大幅に拡大され、ロシア住民のクロスボーダー決済はかなり便利になっている。

104 VTB24銀行は主にモスクワ、サンクトペテルブルク、シベリアなどの地域の旅客鉄道のほか、航空会社、スーパーマーケット、レストラン、観光スポットなど、観光と直結している分野をほぼすべて網羅している。

第五章

105 一九五三―五九年に、ドワイト・アイゼンハワー大統領のもと、国務長官を務めたジョン・フォスター・ダレスは、日本が二島返還で妥協するなら(四島返還要求を諦めるのであれば)、米国は沖縄を返還しないと日本に圧力をかけたとされる。

106 一九〇四年に発表した論文「地理学的な歴史の回転軸」。

107 一九四二年に発表した著書『世界政治におけるアメリカの戦略』。

108 ジョージアのアブハジアおよび南オセチア、アゼルバイジャンのナゴルノ・カラバフ、モルドヴァの沿ドニエストル、未承認国家に分類できるか微妙だがウクライナのドネツク、ルガンスク(ルハンシク）など。

109 この日はクリミア併合から四年目の記念日である。もともと確実視されていたプーチンの再選であるが、クリミア併合の熱狂を思い出させることで自身の「強い大統領」としての偉業を、国家に再認識させようとしたと見る向きもある。

110 一二分野とは「人口動態／医療／教育／住宅・都市環境／エコロジー／安全と質を備えた自動車道路／労働生産性／雇用支援／科学・デジタル経済／文化／中小企業と個人経営イニシアチブの支援／国際協力と輸出」の分野である。また、プーチンは、二〇二四年までの目標も掲げた。それは、GDPに占めるデジタル経済発展コスト比率を三倍にすること、安全な情報通信技術（ITC）インフラの創出、「ロシア連邦のデジタル経済」プログラム（一七年に承認された）の継続、石油・天然ガス以外の輸出を年間二五〇〇億ドルとすること、輸送回廊を近代化・地方へも拡充してシベリア鉄道などの輸送能力を一・五倍に増強すること、北極海航路の近代化・拡大により貨物輸送量を八〇〇〇万トンとすること、遠隔地で再生可能なエネルギー源を開発すること、教育水準で世界ランク一〇カ国入りを果たすとともに知的・道徳的価値を備え社会的責任を持つ人間を育成すること、農業部門輸出を年間四五〇億ドルにすること、中小企業の労働力を二五〇〇万人に増やすこと、などである。この二四年までの目標でも、中国との協力部門（鉄道の発展による輸送力強化、北極海航路の発展など）が強調されており、プーチンの四期目でも中国の存在はやはり重要なファクターとなりそうである。

111 国権の最高機関だが、全人代での投票は共産党指導部の方針を追認する形式的なものとみられており、国外では追認機関だと位置付けられている。

主要参考文献

石郷岡建『ヴラジーミル・プーチン――現実主義者の対中・対日戦略』東洋書店、二〇一三年
大塚好古「ロシア／中国の爆撃機戦力」『軍事研究』ジャパン・ミリタリー・レビュー、二〇〇七年八月号
カンナ・パラグ、尼丁千津子・木村高子訳『「接続性」の地政学』（上・下）原書房、二〇一七年
小泉悠「中国とロシアのふしだらな軍事関係」『軍事研究』二〇一三年四月号
塩原俊彦『ロシアの軍需産業――軍事大国はどこへ行くか』岩波新書、二〇〇三年
塩原俊彦『「軍事大国」ロシアの虚実』岩波書店、二〇〇九年
下斗米伸夫『プーチンはアジアをめざす――激変する国際政治』NHK出版新書、二〇一四年
笛純一「大型航空機の自主開発に乗り出した中国」『軍事研究』二〇〇七年八月号
廣瀬陽子『未承認国家と覇権なき世界』NHKブックス、二〇一四年
廣瀬陽子「ロシアのハイブリッド戦争に関する一考察」国際情勢研究所紀要『国際情勢』第八五号、二〇一五年
廣瀬陽子「ロシアの外交戦略とユーラシア連合構想」石川幸一・馬田啓一・渡邊頼純・編著『メガFTAと世界経済秩序――ポストTPPの課題』勁草書房、二〇一六年
三船恵美『中国外交戦略――その根底にあるもの』講談社選書メチエ、二〇一六年
三船恵美『米中露パワーシフトと日本』勁草書房、二〇一七年
日本国際フォーラム『JFIR WORLD VIEW』創刊号、二〇一八年六月
Allison,Graham (2017), *Destined for War: Can America and China Escape Thucydides's Trap?*, Hough-

ton Mifflin Harcourt.

Farley, Robert (2014) "Five Ways Russia Could Help China's Military Become Even Deadlier," The National Interest, August 2, 2014.

Feng, Huiyun (2015) "China and Russia vs. the United States?: Just how likely are China and Russia to ally against the U.S.?," The Diplomat, March 02, 2015.

Starr Frederick S., and Cornell, Svante E. (eds.) (2014), *Putin's Grand Strategy: The Eurasian Union and Its Discontents*, Central Asia-Caucasus Institute & Silk Road Studies Program.

Mackinder, Halford J. (1919), *Democratic Ideals and Reality : A Study in the Politics of Reconstruction,* New York : Holt

ちくま新書
1345

ロシアと中国《ちゅうごく》 反米《はんべい》の戦略《せんりゃく》

二〇一八年七月一〇日 第一刷発行
二〇二二年四月 五日 第二刷発行

著者 廣瀬陽子（ひろせ・ようこ）
発行者 喜入冬子
発行所 株式会社 筑摩書房
東京都台東区蔵前二-五-三 郵便番号一一一-八七五五
電話番号〇三-五六八七-二六〇一（代表）
装幀者 間村俊一
印刷・製本 三松堂印刷 株式会社

ISBN978-4-480-07153-8 C0231

ちくま新書

935 ソ連史　松戸清裕

二〇世紀に巨大な存在感を持ったソ連。「冷戦の敗者」「全体主義国家」の印象で語られがちなこの国の内実を丁寧にたどり、歴史の中での冷静な位置づけを試みる。

1019 近代中国史　岡本隆司

中国とは何か？　その原理を解く鍵は、近代史に隠されている。グローバル経済の奔流が渦巻きはじめた時代から、激動の歴史を構造的にとらえなおす。

1236 日本の戦略外交　鈴木美勝

外交取材のエキスパートが読む世界史ゲームのいま。「歴史」の和解と打算、機略縦横の駆け引き、舞台裏で支えるキーマンの素顔……。戦略的リアリズムとは何か！

1258 現代中国入門　光田剛編

あまりにも変化が速い現代中国。その実像を政治史、文化、思想、社会、軍事等の専門家がわかりやすく解説。歴史から最新情勢までバランスよく理解できる入門書。

882 中国を拒否できない日本　関岡英之

大きな脅威となった中国の経済力と軍事力。そこにはどのような国家戦略が秘められているのか。「超限戦」に対して「汎アジア」構想を提唱する新たな地政学の試み。

1016 日中対立 ――習近平の中国をよむ　天児慧

大国主義へと突き進む共産党指導部は何を考えているのか？　内部資料などをもとに、権力構造を細密に分析し、大きな変節点を迎える日中関係を大胆に読み解く。

905 日本の国境問題 ――尖閣・竹島・北方領土　孫崎享

どうしたら、尖閣諸島を守れるか。竹島や北方領土は取り戻せるのか。平和国家・日本の国益に適った安全保障とは何か。国防のための国家戦略が、いまこそ必要だ。